아날로그 청년

장석면 지음

이 책 《아날로그 청년》에 쏟아진 격찬!
리더가 되기를 원하는 청년의 필독서

청년은 육체적, 지적으로는 장성했을지 몰라도, 사회적으로는 아직 한창 자라가야 하는 존재다. 그럼에도 빠르고 쉽고 편한 길의 유혹이 많은 때이기도 하다. 지금은 그 어느 때보다도 땀과 눈물 없이 무언가를 얻을 수 있다는 달콤한 이야기들이 세상에 넘쳐난다. 그러므로 청년에게 필요한 것은 '하나님의 진리의 말씀'이다. 그리고 그 길을 먼저 걸어본 신실한 선배들의 증언이다. 여기 한 걸음씩 믿음의 길을 걸어가고자 분투해온 한 선배가 청년들에게 들려주고자 하는 이야기가 있다. 유심히 귀를 기울인다면, 때론 더디고 느린 것 같은 길이야말로 청년들이 반드시 걸어가야 할 길임을 깨닫게 될 것이다.

삼일교회 담임목사 **송태근**

선거 운동 기간 중, 도내 곳곳을 돌며 많은 청년을 만났다. 그들은 성별과 지역, 처지는 달랐지만 암울한 취업 현실에 고개를 떨궜고, 그 속에서 도무지 희망이 보이지 않는다고 말했다. 어쩌다 우리의 청춘들이 이런 좌절감 속에서 살아가야 하는지 마음이 무겁고, 기성세대로서 미안했다. 장석면 작가가 지난 저서 《경영을 씹어먹다》를 통해, 경영인의 입장에서 핵심 인재를 길러내기 위한 투자를 역설했다면, 이번 신작 《아날로그 청년》에서는 대한민국 청년에 대한 애정을 바탕으로 자신의 가치를 극대화하는 방안을 진정성 있게 내놓았다고 볼 수 있다. 주얼리숍의 보석도 자주 닦고 진열 방향도 바꾸고, 케이스도 바꾸며 새로운 상품을 만들어야 고객의 관심을 끄는 것처럼, 우리 청년들도 자신의 가치를 소비자의 구매 욕구가 넘치도록 만드는 노력이 필요하다고 본다. 외면받고 어디에도 설 곳이 없던 아날로그를 청년과 엮는 역설을 보이지만, 청년들이 좌절감을 씹어먹고 힘차게 더 나은 삶을 추구하는 지침서가 되기를 바란다.

강원도 교육감 **신경호**

이 시대에 청년들이 누리지 못하는 것이 몇 가지 있다. 가치와 사명의 부재, 그리고 이를 찾아갈 수 있도록 도와주는 멘토의 부재, 마지막으로 앞서 먼저 그 삶을 산 분들의 지혜의 부재이다. 살아 있는 지혜는 꼰대라는 프레임에 갇혀 버렸고, 전수되지 않은 기술들은 답이 없어 답답해하는 이 세대를 향하지 못하고 있다. 이때에 실제 삶으로 부딪치고 경험했던 지혜를 전수받을 수 귀한 조언이 담긴 책이다. 챕터 하나하나가 깊이 생각해 보고 삶에 녹여내야 할 포인트를 담고 있다. 시대를 관통하는 지혜를 통해 다음 단계로 올라서는 청년들이 보길 바란다.

얼라이브 커뮤니티 대표, 이형유튜브(팔로우어 53만)운영자 **이준희**

삼성전자에는 우수한 인재가 많다. 글로벌 경쟁에서 뒤처지지 않기 위해 치열한 노력도 필수다. 반도체 중심의 기술 집약적 사업을 하고 있지만, 그 근간에는 삼성이 중요하게 생각하는 인재상과 경영 철학이 있다. 세계 초일류가 되기 위해서 일하는 사람의 마인드와 지식은 물론 열정과 실행력을 중요시한다. 요즈음 AI, VR, 블록체인, 메타버스 등의 디지털 기술이 세상을 지배해 인간의 설자리가 없어 보이지만, 그럴수록 우리 인간은 '원초적 기술 집약의 근간인 아날로그에 집중'해야 한다. 그것이 인간의 경쟁력이고 설 자리이다. 이 책은 그런 관점에서 청년들에게 본질적인 것을 제시하고 있다. 옆에 두고 시간 날 때마다 봐야 할 책이다.

삼성전자고문 **김상권**

"어설픈 위로 따위는 없다. 이보다 더 구체적일 수는 없다." 수많은 인기 영합적인 청년 멘토의 조언보다 제대로 일하라는 저자의 조언이 따갑다. 하지만 일터 속에서 제대로 일하고 성장하고자 하는 사람들은 성장의 프롬프트로 활용할 것이다. 책에 담긴 조언들 하나씩 실천하고 전진한다면 어느덧 나의 결과물을 써 주겠다는 사람들이 주변에 모여 있게 될 것이다.

㈜가인지컨설팅그룹 대표 **김경민**

〈낭만닥터〉라는 인기 의학 드라마가 있다. 이 드라마는 실력도 있지만 진짜 환자를 생각하는 김사부를 중심에 두고 드라마를 풀어나간다. 그러나 사실 이 드라마는 여러 상황에서도 환자의 치료와 회복에 집중하는 '원팀'이 주인공이다. 물론 드라마의 설정이 과장된 면이 없지는 않지만, 힘든 과정을 거쳐 현재에 이른 나를 회고하게 할 만큼 공감되는 부분도 많다. 비교적 많은 직원을 관리하는 종합병원의 원장으로서 나는 의사라기보다는 CEO로서 직원들의 태도와 열정을 유지하는 것에 늘 고민해 왔다. '원팀'으로 환자들에게 최선을 다하는 과정에 개인의 지식과 병원의 경쟁력이 레벨-업된다. 《아날로그 청년》이 청년들에게 도움이 될 책임에는 분명하지만, 병원을 경영하는 나에게도 적용할 수 있는 것이 많이 눈에 띈다. 경영이 어려울 때마다 이 책을 읽고 '청년의 초심'으로 돌아가 보련다.

구리 윤서병원 원장 **정수복**

청년의 장점은 열정과 잠재력이다. 청년에게는 성공의 희망의 있고 가능성이 있다. 그러나 성공은 저절로 되는 것이 아니다. 어떠한 태도로 어떻게 노력하느냐가 중요하다. 이 책은 저자의 경험을 바탕으로 청년들에게 성공에 이르는 길을 제시한다. 디지털 시대이지만 오히려 '아날로그 청년'이라는 역발상의 사고로 청년이 갖추어야 할 기본을 강조한다. 성공으로 가는 길목에서 고민하는 청년들에게 일독을 권한다.

㈜해시스냅 회장, 회계사, 철학박사 **전용주**

이 책은 미래를 꿈꾸는 청소년들이 추구해야 하는 소중한 가치를 알려 주는 나침반이다. 가끔 청소년들은 성공을 결과로만 바라보며, 성공한 사람들의 습관, 특징, 그리고 스토리를 통해 성공의 공식을 찾으려고 한다. 하지만 성공의 법칙과 공식은 존재하지 않는다는 것을 깨닫게 된다. 저자는 이 책을 통해서 청소년들에게, 성공은 과정이며 그 과정에서 추구해야 하는 그리고 본질이 바뀌지 않는 소중한 가치와 기본에 대해 알려 준다. 이러한 가치와 기본을 담은 나침반으로 인생과 진로를 설계하고 꾸준히 노력한다면 꿈은 이루어질 것이며, 다음 꿈을 위해 달려갈 수 있을 것이다.

성균관대 경영학과 교수 **김상균**

"기본으로 돌아가자", "기본에 충실하자" 이 책의 초안을 받아 들고 느낀 첫인상이었다. 저자는 오랫동안 젊은이들과 함께 성장하는 기업에 몸담아 왔으며, 현재까지도 지속적으로 젊은 청년들에 관심을 갖고 저술 활동을 하고 있다. 고도로 디지털화된 세상에서 아날로그적 삶의 태도가 오히려 신선한 감동을 주고, 이 책이 이러한 태도에 대한 훌륭한 지침이 될 것으로 본다. 이 책으로 인해 청년의 삶과 직장, 그리고 인생에 큰 도움이 되리라 믿어 의심치 않는다.

법무법인 라움 대표변호사, 법학박사 **부종식**

나는 비교적 청년들이 많은 공동체에서 그들에게 도움이 될 만한 글들을 정기적으로 기고해 왔다. 청년들은 나의 글을 읽고 많은 도움이 되었다고 하기도 하고, 때론 상담을 요청해 오곤 하였다. 그동안 기고한 내용을 모아 책으로 내면 좋겠다는 의견들도 주었다. 그런 피드백에 힘을 얻어 이번에 책을 내게 되었다.

청년들이 힘들다. 기성세대는 그 문제에 대해 반성하며, 그들의 미래를 걱정한다. 청년들이 힘든 원인 중의 많은 부분은 기성세대의 책임이기도 하고 도와야 할 숙제이기도 하다. 그렇지만 그들의 불투명한 미래가 현 사회의 시스템 문제이므로 전적으로 기성세대가 책임져야 한다고 하기에는 지나친 면이 있다.

세상은 여전히 많은 기회가 열려 있다. 그리고 어려운 환경을 극복하고 성공하는 젊은 혁신가와 자기 삶의 가치를 일구어 가는 청년 모델들을 우리는 심심치 않게 주변에서 만날 수 있다.

이 책은 청년으로서 이 세상에서의 가치와 바른 경쟁력을 갖추는 데 본질적인 개념들과 인사이트(Insight, 통찰력)를 제공해 주고 있다. 본질을 자기 것으로 내재화(內在化)하는 것은 어렵다. 기가 막힌 기법과 마술과 같은 기술로 단기간에 뭔가를 이룰 수 있는 것은 이 세상에는 없다. 세상에 공짜는 없다. 그게 진실이다. 그 진실을 직시하는 것이 출발점이다.

　요사이 AI, GPT, 로봇 등이 인간의 수고를 대신하는 것은 물론이고, 상당 부분은 사람들의 일자리를 빼앗아 가는 시대가 되었다. 그것들이 놀랄만한 혁신과 생산성을 가져오지만 반대로 인간의 상실감은 비례해서 점점 더 커질 것 같다. 이런 시대에 인간은 더욱 본질에 집중해야 한다. 그것만이 인간이 할 수 있는 차별적 행동이다. 아날로그적인 태도와 역량은 디지털의 힘을 빌려 사람의 능력을 더 레벨업 시킬 수 있으면서도 경쟁력을 잃지 않는 강력한 무기가 될 것이다.

　제목에서 보여지듯이 이 책은 상당 부분 태도와 가치를 기반으로 풀어 나가고 있다. 이 책은 세상을 먼저 살아내면서 성공과 실패를 맛본 선배가 후배에게 알려주고 싶은 것을 총 4개의 카테고리로 소개하고 있다. '갖추어야 할 태도가 무엇인지', '알아야 할 지식이 무엇인지', '직장 생활은 어떻게 해야 하는지', '갖추어야 할 경쟁력이 무엇인지'를 담았다.

　일부 내용들은 꼰대의 잔소리로 받아들일 수도 있을 것 같다. 그런데 '꼰대가 하는 말대로 하면 오히려 인생에서 성공할 수 있다'라는 '역설'이 있다. 꼰대라는 부정적인 의미에서 오히려 꼰대의 말이 세상을 성공하는 데 필요한 보석 같은 도구가 될 수 있다는 것은 아이러니하다. 여기서 다룬 내용들을 소화하면 이 치열한 사회에서 살아남을 무기를 장착하는 데 조금이라도 도움이 될 수 있다고 감히 말하고 싶다.

이랜드에서 임원으로만 17년을 포함해 약 30년간의 직장 생활을 끝내고 독립해 법인을 설립하고 몇몇 회사들을 컨설팅하면서 직장 생활과는 다른 현실을 직면하고 있다. 조직의 힘이 아닌 나 혼자의 힘으로 고객의 머릿속으로 완전히 들어가 설루션(Solution)을 주어야 하는 부담감의 무게를 견뎌야 한다. 그렇지만 부담감의 무게가 어깨를 짓누르더라도 누군가를 돕기 위한 동기는 세상을 사는 데 힘의 원천이 된다. 그 가치들이 이 책 곳곳에 담겨 있다.

"불투명한 미래 때문에 불안해하고 고민하는 청년들이 찾을 답은 무엇인가?" 그 답은 오히려 단순할지도 모른다. 그 질문에 대한 나의 답은 "나의 시간과 관심을 가치가 있는 것이 아닌 다른 것에 두지 않는다."이다. 나는 이 맥락으로 청년들이 세상을 살아내는 데 조금이나마 도움이 되었으면 하는 간절함을 담아 이제 첫 장을 시작하려 한다.

2023년 5월 장석면

추천사   3

프롤로그   7

1 청년의 태도

01. 당신의 강점(强點)은 무엇입니까?   17

02. 진로에 대하여   23

03. 미래는 현재다   28

04. 천만년이 지나도 변하지 않을 황금률 – 부지런함   33

05. 시간을 대하는 우리의 자세   38

06. 청년의 시작은 성취가 아닌 태도다   44

07. 도움을 주고 도움을 받을 수 있는 사람이 되어야 한다   49

08. 버려지는 시간은 없다   53

09. 나는 문제에 대해 어디를 향하고 있는가?   59

10. 탐욕은 쌓아 놓은 탑을 모두 허물어트린다   65

11. 자기 머릿속의 프로그램을 버려라   69

2 청년의 지식

01. 지식인이 되는 데 필요한 3가지 태도　　　　　77

02. 몸값이 차이 나기 위한 좋은 습관　　　　　83

03. 책을 통한 하우 찾기　　　　　87

04. 관찰을 통해 지식 획득하기　　　　　93

05. 현장을 떠나지 마라　　　　　99

06. 스승에게서 배우기　　　　　105

07. 잘 물어보기　　　　　109

08. 외부에서 배우기 – 벤치마킹(Benchmarking)　　　　　116

09. 잘 기록하기　　　　　123

10. 나는 정보를 제대로 다루고 있는가?　　　　　129

11. 피드백(Feedback) 없이는 성장은 없다　　　　　133

3 | 청년의 직장

01. 세상에 첫발을 내딛는 청년들에게   141

02. 워라밸, 일과 일상의 균형을 찾는 법   146

03. 업무 탈진에서 벗어나기   150

04. 직장에서 불편한 관계로 고민하는 청년들에게   155

05. 상사를 승자로 만들기   160

06. 제대로 보고하기   165

07. 협력하여 업무하기   171

08. 나는 발탁될 사람인가?   176

09. 나는 성장할 사람인가?   181

10. 책을 통해 얻은 직장 생활의 전환점   186

11. 평가에 대하여   191

4 청년의 한 끗 경쟁력

01. 생각이 능력이다   200

02. 고객의 속마음을 알라   208

03. 나의 수준 알기   214

04. 당신의 과업(課業)은?   220

05. 우선순위 제목을 제대로 찾자   225

06. 제목을 쪼개서 실행하라   231

07. 자신의 성과를 측정하라   234

08. 실시간으로 모니터링(Monitoring)하라   239

09. 시스템으로 일하기   243

10. 최고의 의사 결정하는 법   250

11. 의사소통 잘하는 법   256

에필로그   261

PART 1

청년의 태도

01

당신의 강점(强點)은 무엇입니까?

청년들 대상의 강의를 하거나 개인적으로 청년들을 만날 기회가 있을 때마다 자주 하는 질문이 있다. "당신의 강점은 무엇입니까?" 그런데 이 질문에 답을 제대로 하는 사람은 거의 없었던 것 같다. 대답한 내용은 '강점'이 아닌 '장점'에 가까웠다. 많은 책에서조차 장점을 강점으로 예로 드는 오류를 종종 발견한다. 강점은 장점과 달리 몇 가지 단어가 조합되어야 정리될 수 있다.

강점을 알아야 자기 진로 방향을 정할 수 있고, 이 세상에 기여할 수 있다.

진로는 '강점'을 기반으로 정해야 한다

대한민국의 많은 청년이 자신의 강점이 무엇인지는 알지 못하고 진로를 선택하고 있다. 안타까운 일이다. 사실 나도 강점으로 일해야 한다는 것을 직업을 선택하고도 한참이나 지나고 나서야 알았다. 나의 강점이 무엇인지도 몰랐던 내가 원하는 회사에 취업할 수 있었던 것은 그 당시 '사람을 뽑는 기준이 강점 이외의 요소'를 더 비중 있게 다루었기 때문이다. 지금은 여러 회사가 강점을 기반으로 사람을 뽑고 배치하는 것과 관련하여 많은 고민을 하고 있는 것 같기는 하다.

강점이란 '한 가지 일을 완벽에 가까울 만큼 일관되게 처리하는 능력'을 뜻하는 것으로 '재능에 지식과 기술을 더한 것'을 말한다. 강점의 반대되는 것은 약점이다. 사람들은 약점을 보완하기 위해서 노력한다. 그러나 약점은 고쳐질 수가 없다. 그것이 강점에 더욱 집중해야 하는 이유이기도 하다. 경영학의 그루인 피터 드러커 교수(1909~2005)도 그의 저서 《자기 경영 노트》에서 강점의 중요성에 대해 다루고 있다.

강점을 발견하는 방법에 관해 사례와 함께 정리해 본다

첫째, 거울에 비친 나를 나도 들여다보고 남도 들여다본다.

시중에는 사람을 파악할 수 있는 각종 조사 도구가 많이 나와 있다. 가령 '지능검사, Strenths Finder, MBTI, 에니어그램, DISC, SHL, 다중지능' 등이 그것이다. 요즈음은 MBTI가 대세다. 이러한 도구들은 자신을 파악하는 데 도움을 준다. 그런데 이런 조사들이 얻고자 하는 것이 각각 달라 한두 가지 조사로는 자신을 완전히 파악해 주지는 못한다는 사실이다. 그러므로 가급적 많은 조사를 하고, 나온 결과를 가지고 충분한 시간을 내어 '자신을 해석하고 정리'할 필요가 있다.

아주 오래전에 한 청년이 내가 재직 중인 회사에 입사하고자 지원하였다. 당시 나는 그룹의 인사총괄 임원이었는데, 그 청년이 입사하기에는 나이가 좀 많은 상태였다. 그래서인지 아니면 너무 많은 지원자로 인해 전형 과정에 실수를 했는지 서류 심사에서 보류된 상태였다. 그 당시 그 청년이 취업 상담을 위해 이메일로 보내온 내용은 상당히 인상적이었다. 그 이유는 그동안 자신의 강점을 알기 위해 조사한 내용이나 살아온 이력들을 충분히 분석하고 해석하여 A4용지 5장 정도의 분량으로 자신에 대한 정리를 완전히 끝냈기 때문이다. 특히 기간별로 지금껏 자기가 해

왔던 것을 피드백하여 자신의 강점과 어떤 직무가 적합한지를 정리하였다. 이렇게 하기가 쉽지 않은 일이다. 나는 '시간을 내서 자신에 대해 이 정도로 정리한 청년이라면 충분한 자격이 될 수 있겠다'라는 생각이 들었다.

둘째, 자신의 강점을 발견하는 방법의 하나는 '피드백'이다.

위 사례의 청년은 '자신에 대해 피드백'함으로써 '자신이 어떤 일이 맞을 것인지를 정리'할 수 있었다. 피터 드러커 교수도 이와 비슷한 방법을 소개하였다. 그는 "의사 결정이나 행동을 할 때마다 앞으로 어떤 일이 일어날지 자신이 기대하는 것을 기록해 놓고 6개월이나 1년이 지난 뒤 기대했던 것과 실제 결과를 비교"하고, "일치하는 경우는 강점에 연결되고 일치하지 않은 것은 자기의 강점과는 거리가 먼 것"을 확인할 수 있다고 하였다.

그리고 '한 일의 결과'를 통해서도 강점을 알 수 있다. "어떤 일을 하면 할수록 강해지는 것을 느낀다면 그것이 강점"에 가깝다.

나의 경우에는 회사에서 필요한 시스템을 만드는 일을 할 때 다른 일보다 더 몰입하게 되고 강해지는 것을 느낀다. 내가 근무하던 회사에서는 강점에 대해 직원 상호 간에 피드백하였는데, 직원들은 나의 강점에 대해서 '프로세스가 강하고 구조화를 잘하며, 시스템을 잘 만든다'라고 검증해 주었다.

셋째, 약점을 고칠 수는 없다. 그러나 '치명적인 약점은 주의'하여야 한다.

기획실에 근무하는, 머리 좋은 직원이 있었다. 특히 회사에서 실시하는 인·적성검사에서도 성과를 내는 데 필요한 우수한 강점들을 완벽히 갖추고 있었다. 그런데 승진도 늦고, 함께 일하려는 사람이 없었다. 좀 의아했다. 마침 내가 책임지고 있는 부서에서 직원을 구하던 중 그 직원과 함께 일할 수 있겠다고 판단하여 우리 부서로 배치하였다. 그 후 그 직원이 강점이 뛰어남에도 불구하고 성과를 못 내는 이유를 발견하게 되었다. 일을 하는 과정에 관련된 사람들과 충분히 소통하지 않고 일방적으로 일을 처리함으로써 많은 사람을 힘들게 하였다. 강점에도 불구하고, 자신의 치명적인 약점을 인식하지 못하면 성과도 못 낼 뿐 아니라 많은 사람을 불편하게 한다.

개인의 약점이 노력한다고 해서 바로 해결되지는 않겠지만, 만약 그 부분을 고민하여 일하는 방식을 바꾼다면 일정 부분은 보완할 수는 있다. 이렇게 하면 사람은 바뀌지 않았지만 리스크는 덜 발생하게 된다. 강점을 찾아 더욱 강하게 하고, 치명적인 약점을 인식하며 주의하는 노력을 하는 것이 마땅하다.

나의 강점이 조직에서 쓰이지 않게 될 경우는?

나의 강점을 대체할 시스템이 있다면 내가 기여할 수 있는 영역이 제한될 수도 있다. 그러나 걱정하지 마시라. 나의 강점이 조직에서 쓰이지 않게 될 경우보다는 자신의 강점을 잘 찾지 못하여 기여하지 못하는 경우가 훨씬 더 많다. 그동안 강점으로 조직에 기여해 왔는데 내가 기여할 영역이 점점 줄어든다면, 태도(열정)나 일하는 방식의 문제가 있는지 살펴봐야 한다. 자신의 강점이 더욱 빛을 발하려면 태도를 항상 유지하고 더 나은 지식을 강점 위에 올려놓아야 한다.

벤저민 프랭클린(1706~1790)은 "활용되지 않고 낭비된 재능을 그늘에 놓인 해시계"에 비유하였다. 우리가 강점으로 일해야만 하는 숨겨진 원리는 하나님은 '우리를 모두 다른 사람으로 만들었다'는 것이다. 강점에 대해서 이 책의 맨 앞에 놓은 이유는 강점을 아는 것이 진로를 선택하거나 일을 하기 전에 반드시 점검해야 할 사항이기 때문이다. 강점을 찾자. 그리고 강점을 통해 이 세상에 기여하자.

POINT. 여러 조사 결과와 피드백을 통해 자신의 강점을 정리하자.

02

진로에 대하여

진로를 정할 때는 고려할 요소가 많다. 직장인의 50% 이상이 현재의 직업에 불만족하며, 대학생의 80% 이상이 현재 전공을 바꾸고 싶다는 조사 결과를 본 적이 있다. 진로 결정의 요건을 스펙(spec)과 연결하려 하고, 일에 대한 이해가 부족하다 보니 이런 결과가 나오지 않나 싶다. '적성에도 맞고 흥미도 있으며 기여도 할 수 있는 것'이 가장 이상적인 진로이다. 그런데 이 세 개의 조건이 모두 만나기는 어렵다. 흥미가 있다 하더라도 기여하지 못한다면 그것은 바른 진로가 아니다. 하고 싶은 것이 아닌 할 수 있는 것을 해야 한다. 진로는 청년뿐만 아니라 모두에게 중요한 관심 사항이다.

'일'을 통해 '나'를 알아야 한다

평소에 진로 선택과 관련해 청년들에게 조언할 때 제일 먼저 강조하는 것이 있다. 그것은 앞에서도 이야기한 것처럼 '자기 자신을 먼저 이해'하라. 즉 '자신의 강점을 알라'는 것이다. 그리고 두 번째로 강조하는 것이 '자신의 일을 들여다보라'는 것이다.

일을 할 때는 자신의 흥미, 적성, 태도, 능력, 관계가 모두 드러난다. 그래서 의도적으로 일정 기간 다양한 경험을 해 봐야 한다. 꼭 회사가 아니더라도 다양한 공동체에서 다양한 경험과 학습을 하게 되는데, 그 과정에서 '자신을 관찰하면서 어떤 진로가 맞는지 확인하는 방법'이 있다. 그중에서 '가장 흥미가 있고 노력 대비 아웃풋(Out Put)이 잘 나오는 것이 자신과 맞는 진로일 가능성'이 크다. 그토록 '찾고자 하는 진로는, 일정한 시간을 견디며 성실함을 유지하는 과정'에서 나에게 맞는 것을 발견하게 된다. 그러니 할 수 있는 한 많은 진로와 관련된 정보를 획득하고, 자신이 관심 있는 곳에서 일정 기간 다양한 경험(체험)을 해 보는 것을 추천한다.

'열정'과 '집요함'은 모든 진로에 통용되는 자질이다

오래전에 회사에서 성과를 내는 사람들의 공통적인 특징을 조사한 적이 있었다. 그런데 재능과 상관없이 반복해서 나오는 게 있었다. 그것이 무엇일까? 바로 '열정과 집요함'이었다. 이 두 가지는 개인의 재능이 더 빛을 발하게 할 뿐만 아니라 재능이 부족하더라도 최고가 될 수 있게 하는 인자(因子)다.

과거에 나는 외식 사업을 책임지는 자리에 임명된 적이 있었다. 그 당시에 나는 외식 사업에 관심이 없었을 뿐만 아니라 '맛'을 분별하는 데 재능이 없었다. 그러나 그 순간부터 끊임없이 개발한 메뉴를 시식하고 맛집을 열심히 다니면서 현장에서 사업을 고민하였다. 그런 매일의 시도와 경험이 쌓여, 맛에 대한 분별력과 외식 사업에 대한 식견이 생기게 되었다. 관심이 전혀 없는 분야였지만 나의 열정과 집요함이 외식 사업에 대한 동기와 전문성을 시나브로(모르는 사이에 조금씩 조금씩) 키운 것이다.

성취가 아니라 성공적인 삶을 살아야 한다

사람들의 일반적으로 성공을 '세상에서 일정 포지션을 획득하거나 부를 쌓는 것'이라고 정의한다. 그렇지만 나는 그것은 '성취'라고 정의하고 싶다. 나는 성공은 '지위나 부와 상관없이 본이 되는 삶을 살고 그래서 많은 사람에게 영향력을 끼치는 것'이라

25

생각한다. 아무리 지위가 높아져도 윤리적인 결함이 있고 가까운 사람에게 인정을 받지 못하는 사람은 성공한 사람이 아니다. 진로는 '내가 어떻게 세상에 기여하고 사람과 시스템을 남길 것인가의 관점에서 직업을 선택하고 일을 해나가는 것'이다. 직업을 영어로 '콜링(calling)'이라고 하지 않는가. '신성한 것이고 일로써 섬긴다'는 뜻이다. 그런데 직장을 성취의 수단으로만 볼 때 콜링의 의미는 사라지게 된다.

콜링의 의미를 되새기며 주도권을 가져가라

우리나라 청소년들은 진로나 진학과 관련한 결정에 독립성과 확신성 면에서 다른 나라 청소년보다 낮은 수준을 보인다고 한다. 그만큼 주위 사람들의 의견에 흔들린다. 스스로 진로를 결정하려고 하면, 근본적인 고민이 시작되면서 바른 진로를 선택할 가능성이 커진다. 그래서 나는 두 아들이 학교와 진로를 선택하는 과정에 거의 의견을 주지 않았다. 단지 필요한 정보만 주고, 대학을 졸업한 이후에 본인들이 독립해야 한다는 것을 분명히 알려 주었다. 그것이 자식들을 벼랑으로 몰아넣은 것 같아 미안한 마음은 있지만, 그 결과로 얻는 유익이 더 클 것으로 판단했다. 아직 그들의 진로는 진행형이지만, 지금까지는 제대로 가고 있는 것 같다.

고민해서 선택한 진로가 다시 바뀔 수가 있고, 그럴 때마다 시간이 아깝다는 생각이 들 수도 있다. 그렇지만 콜링의 관점으로 매 순간 최선을 다했다면 그것은 절대로 버려지는 시간이 아니다. 성경에 나오는 '요셉'은 매 순간이 그에게 불리하고 어려운 환경이었다. 만약 그 순간을 외면하고 도망쳤다면 어떻게 되었을까? 매 순간을 콜링의 관점을 가지고 주도적으로 진로를 관리하면 내가 처한 환경이 내가 생각한 곳이 아니더라도, 오히려 그곳이 기회의 장이 될 수도 있다.

진로는 직업 선택의 노하우도 아니고 단지 좋은 직장을 선택하기 위해 스펙을 쌓는 것만이 아니다. 단지 '나의 재능이 더욱 크게 쓰이기 위해 맞는 직업을 선택하고 성실하게 섬기는 것'이 더 크다.

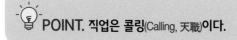

POINT. 직업은 콜링(Calling, 天職)이다.

03

미래는 현재다

우리에겐 미래에 대해 두 가지 관점이 동시에 존재하는 것 같다. 하나는 '예측할 수 없다'는 것과 하나는 '어느 정도 예측이 가능하다'는 것이다. 예측할 수 없다는 것은 '우리가 내일을 결정할 수 없다'는 의미이다. 아인슈타인도 "미래에 대해 생각하지 않는다."라고 하였다. 정말 1시간 후를 예측할 수 없는 게 우리 인생이다. 나는 그동안 직장 생활을 하며 심혈을 기울여 만든

그 많은 브랜드가 꽃도 피워 보지 못하고 접는 사례를 수없이 봐 왔다. 어떤 경우에는 의사 결정을 한 후 1개월도 안 돼 회사에 큰 피해를 준 적도 있었다. 이런 일이 직장 생활뿐이랴. 개인 및 가정에도 불가항력적인 일이 너무도 많이 일어난다. 그런데 한편으로 '내일은 오늘의 결과'라는 면도 있는 것 같다. 현재를 어떻게 바라보고 어떻게 준비하느냐에 따라 미래는 어느 정도 기대할 수도 있다.

이미 발견한 현재 상황에서 미래를 찾아라

유엔 산하 미래연구소에서 사회를 변화시키는 7가지 요소(STEPPER-사회, 기술, 환경, 인구, 정치, 경제, 자원)에 무려 40개 이상의 기법을 이용해 미래를 예측하고 있다고 한다. 아무리 여러 기법을 동원해 예측하고 있다고 하더라도 정확성은 한계가 있을 것 같다. 예측 기법을 통해 나온 유용한 정보는 그것이 어떻게 쓰이느냐에 따라 세상을 유익하게 할 수도 있고, 탐욕의 도구가 될 수도 있다. 가령 인구 변화, 기상, 재난, 재해, 질병 발생, 범죄, 테러리즘과 관련된 영역에서 리스크를 사전에 방지하고 생명을 보호하며 삶의 질을 높일 수 있다.

모든 예측에는 과거 및 현재의 데이터가 소스가 된다. 그중에서도 현재를 더 유의해서 봐야 한다. 보는 데는 조건이 있다. 반드시 촉을 가지고 현실을 민감하게 들여다봐야 한다. 피터 드러커 교수는 "혁신의 기회를 머나먼 미래나 아직 싹도 크지 않은 신발견(新發見)에서 찾는 것이 아니라 현재 상황에서 찾아야 한다."라고 했다. 이 말은 예측 못 할 미래를 붙잡고 있지 말고 '현재의 미래성', 즉 '이미 발견한 현재 상황에서 미래를 찾아야 한다는 뜻'이다. 현재 벌어지고 있는 상식적이고도 비상식적인 일이나 징후를 살펴보면 미래를 알 수 있다.

이것을 그대로 개인에게도 적용할 수 있다

자신의 문제에 대해서도 촉을 가지고 들여다봐야 한다. 자신의 문제가 해결이 안 되면 어느 시점에 커다란 눈덩이가 되어 있거나 다 녹아 없어져 어떻게 할 수 없는 상태가 된다. 이것이 해결되지 않으면 미래에 큰 문제로 터진다. 가령 인간관계에서 트러블이 생기면 수위에 따라 극단적인 결정까지 가게 되고, 그러면 인생에 치명적인 오점을 남긴다. 미래에 문제가 터지기 전에 바로 위험 수위를 낮추는 행동을 지혜롭게 해야 한다. 평상시의 한 행동은 '총량의 법칙'이 적용된다. 사람과의 관계에서 좋은 행동이 쌓이면 웬만한 실수는 쉽게 마무리된다. 지금 이 상태가 지속되면 어떤 결과가 나올지 생각해 보고 '할 것과 하지 말아야 할 것(Do & Don't)'을 지켜야 한다.

그리고 '개인의 시간 사용'을 보면 또한 미래를 알 수 있다. 우리의 내일이 어떤 모습일지는 아무도 모른다. 그러나 '개인이 쓰는 시간은 미래가 희망적일지 절망적일지를 알 수 있는 징후'가 된다. 일본의 저명한 경영자 이나모리 가즈오는 "오늘 하루를 최선을 다해 살면 내일이 저절로 보일 것이고, 내일을 열심히 살면 일주일이 보일 것이다. 그렇게 일주일을 최선을 다하면 다음 주가 보이고 다음 달이 보이고 내년이 보일 것이다."라고 했다. 무엇보다 혼자 있을 때 시간을 어떻게 쓰느냐가 참 중요하다. 그때 가치 있는 시간을 쓰느냐, 세상의 미혹되는 것에 시간을 쓰느냐에 따라 미래는 완전히 달라지게 되어 있다. 마태복음 25장에는 '신랑을 기다리는 두 부류 처녀의 비유'가 나온다. 등과 기름 모두를 준비한 슬기로운 처녀는 신랑이 왔을 때 혼인 잔치에 들어갈 수 있었다. 반면 나머지 다섯 처녀는 신랑이 바로 오지 않을 거라고 예측하면서 준비를 하는데 시간을 쓰지 않아 혼인 잔치에 들어갈 수 없게 되었다.

현실에 최선을 다해 준비하더라도 예측하지 못한 상황은 늘 발생한다

직장인은 성과로 자기를 증명한다. 성과를 내야 평가를 잘 받을 수 있다. 그러다 보니 다들 성과를 내려고들 한다. 때로는 성과의 결과에 따라 관계가 좋아지고, 나빠질 수도 있다. 직장의 특성이 그렇다. 그런데 일을 열심히 해서 성과를 낼 수만 있다면 얼마나 좋을까? 오히려 일을 열심히 하면 할수록 사람들을 힘들게하고 일은 일대로 안 될 수 있다. 그간의 노력이 물거품 되거나한순간에 나락으로 떨어질 수 있다. 세상에 준비된 경영자들도예측 못 한 참담한 많은 사건으로 자리에서 내려오는 경우를 흔히 보게 된다. 이와 반대로 노력한 것보다 더 좋은 결과를 얻는예도 있다. 운이 따른 것이다. 이것이 '성과가 지닌 양면성'이다.

우리는 어떠한 상황에서든지 촉을 가지고 현실을 직시하고 준비하여야 한다. 그리고 성과가 크게 나더라도 겸손함을 유지하는 태도를 견지하여야 한다. 일의 결과를 우리가 전적으로 결정할 수 없는 경우가 훨씬 많기 때문이다. 다만 좋은 미래가 되도록현재에 최선을 다할 뿐이다.

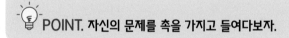

POINT. 자신의 문제를 촉을 가지고 들여다보자.

04

천만년이 지나도 변하지 않을 황금률
- 부지런함

'부지런함'에 대해 이야기하려고 한다. 나는 개인의 부족함을 극복할 힘은 부지런함에 있다고 생각한다. 그런데 청년들과 이야기하다 보면 일부는 '성실'을 그리 중요하지 않게 생각하는 느낌을 받는다. 정보를 획득하는 루트가 다양해지고 모바일의 각종 플랫폼, AI, 로봇, GPT, 자동화 등 인간의 성실을 대체할 수 있는 시스템의 등장으로 이전보다 덜 성실해도 '효과적'으로만 일하면 결과물을 낼 수 있는 환경이 되다 보니 '부지런함'이나 '성실'이라는 단어의 중요성이 떨어진 것 같기도 하다. 그렇다 하더라도 결국 천재는 부지런한 사람을 이길 수 없다.

부지런한 사람들의 놀랄만한 사례

부지런한 사람들의 놀랄만한 성공 사례들은 주위에서 흔하게 볼 수 있다. 내가 근무하던 회사의 리테일사업부가 운영하는 한 점포의 매장주가 생각난다. 그 매장주가 운영하는 매장은 규모가 10여 평 남짓이었는데 월 매출이 8천만 원이 넘는 곳이었다. 10평에서 8천만 원이면 웬만한 로드 숍의 30평 되는 매장에서 나오는 매출보다도 많이 하는 곳이다. 매장이 위치한 상권은 비교적 부유한 곳인데, 중저가에 명성도 없는 브랜드가 매출을 많이 한다기에 노하우가 무엇인지 궁금했다. 처음 매장주를 만나러 갔는데, 매장에서는 안 보이고 창고에서 열심히 상품을 정리하고 계셨다. 매장주는 50대 여성분이었는데, 판매에 특별한 노하우가 있어 보이지는 않았다.

"사장님 판매를 안 하시고 왜 창고에 계시나요?"

"전 판매 안 하고 상품 관리만 해요."

"왜 그러시죠?"

"판매보다 상품 관리가 훨씬 어려워요. 상품이 팔리는 것은 같은 스타일이라도 컬러와 치수에 따라 잘 팔리는 것과 안 팔리는

34

것이 있어요. 심지어는 동일한 스타일에서도 다 팔리는 치수가 있는가 하면 왕창 남는 것도 있어요. 그래서 매장에 결품이 없도록 진열하려면 단품별로 상품을 완전히 익히고 정리하는 데는 시간이 오래 걸리고 힘이 듭니다. 힘든 일이기에 남에게 맡기지 않고 직접 창고에서 즐겁게 일합니다."

판매에 재능은 떨어지지만 부지런함으로 상품의 현황을 완전히 파악하고 필업(Fill-Up, 보충)을 완벽히 수행하는 것만으로도 많은 매출을 올리고 있는 사례가 너무도 인상 깊었다.

필자가 즐겨보는 '생활의 달인'이라는 TV 프로그램이 있다. 맛집 달인은 정말 감동이 있다. 메뉴를 만드는 과정에 특이한 점은 여러 가지의 공정이 추가되면서 공정이 아주 복잡하다는 것이다. 그것을 보면 맛을 내는 노하우는 스킬이 아니고 여러 번의 시행착오를 통해 나온 것이라는 것을 알 수 있다. 그래서 완성된 메뉴는 (공정이 복잡해) 부지런하지 않으면 음식을 고객에게 제때 제공할 수 없다. 그분들은 스펙(Spec)을 쌓은 분들이 아니었다. 그분들 중에는 매장에서 필요한 판매 시스템이나 도구들을 전혀 다루지 못하는 분들도 있었다. 그분들의 특징은 무엇일까?

부지런함이란 '책임'이다

그분들을 보면서 느낀 것은 '부지런함이란 시간의 개념보다 일을 대하는 태도' 같은 것이었다. 그 매장주는 시간 내에 단품별 상품을 분류하고 판매대에 진열하지 못하면 고객들에게 원하는 상품을 제공하지 못하게 된다는 책임감이 있었다. 그 가치를 위해 책임을 다하는 것이었다. 단지 매출을 많이 올리기 위해 무엇을 할 것인가를 고민한 것이 아니었다. 성실은 책임을 동반한다.

부지런함이란 '해야 할 것을 하는 것'이다

판매가 판매자 중심이라면 절품(切品)을 막는 것은 고객 중심 사고이다. 매장주가 한 것은 고객이 원하는 상품의 절품을 막는 것이었다.

'해야 하는 데 하지 않는 것은 게으른 것'이다. 가령 일을 하기 앞서서 계획을 세우지 않는 것, 자기의 일에 대해 피드백하지 않는 것, 부족한 것을 남의 것(책, 사람, 시장, 회사)에서 얻기 위해 시간을 쓰지 않는 것, 주어진 시간에 해야 할 것을 늦추거나 연기하는 것, 중간에서 포기하는 것 등이다.

부지런함은 왕 앞에 서는 것이다

조그마한 매장을 운영하지만, 그 매장주는 손님들과 동료들에게 존경받고 있었다. 나는 그것을 보면서 '존경은 지위와 힘에서 나오는 것이 아니고 밑바닥에서 나오는 것'이라는 것을 느꼈다. 바닥은 부지런하지 않으면 버틸 수 없는 곳이다. 부지런히 살아

36

도 취업이 어렵고 승진도 어렵다고들 한다. 그 말도 맞다. 하지만 열악한 상황에서 부지런하므로 성공도 하고 존경을 받는 사람들을 여전히 많이 본다. 나는 후자를 믿고 싶다. 성실에 대해서 "사업에 근실한 사람을 보았느냐, 이러한 사람은 왕 앞에 설 것이요, 천한 자 앞에 서지 아니하리라."(잠 22장 29절)라는 성경 구절이 있다.

스펙을 획득할 수는 있으나 부지런함을 꾸준히 유지하기는 쉽지 않다. 직장 내에서도 부지런한 친구들이 머리 좋은 사람들을 이기는 경우를 자주 본다. 피카소도 "머리를 지식으로 무겁게 하지 말고 하는 일에 끈질기게 매달려 오래 지속해서 성취를 이뤄낸다."라고 하면서 꾸준함의 중요성을 역설하였다.

지금 많은 청년이 좋은 대우를 받을 수 있는 직장을 찾기 위해 스펙을 쌓고 경쟁 하고 있다. 그런데 사람이 많이 몰리는 곳으로 가기 위한 노력은 진정한 부지런함이 아니다. '아무도 가지 않은 곳에서 남들이 짊어지지 않으려는 것을 해결하려고 노력하는 것이 진정한 부지런함'이다. 그럴 때 오히려 더 큰 기회가 온다. 또한, 부지런함으로 세상에 기여한 것에 대한 삶의 의미도 있지 않겠는가?

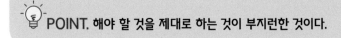

POINT. 해야 할 것을 제대로 하는 것이 부지런한 것이다.

05
시간을 대하는 우리의 자세

　최근에 일과를 1시간 일찍 시작하게 되었다. 회사의 사업과 관련된 구상은 물론 운영을 위한 준비를 위해서다. 그런데도 몇 개월 동안 일찍 시작하는 것에 비해 시간 사용이 효율적이지도 않을뿐더러 질적인 면에서도 썩 만족스럽지 않았다. 더구나 육체적으로도 하루하루가 너무 피곤하고 힘들었다. "무엇이 문제였을까?" 나의 시간을 되돌아보면서 시간 사용에 대한 관점들을 정리해 보았다.

'일의 기록과 피드백'이 중요하다

나의 문제는 급한 마음에 바로 일을 시작했지만, 시간의 양(量)과 질(質)에 대해 제대로 된 기록과 피드백이 없었다. 류비세프(1890~1972)라는 러시아의 저명한 과학자는 살아 있는 동안 70여 권의 학술 서적, 1만 2,500장의 논문, 수백 통의 서신을 남겼다. 그가 제한된 시간을 효과적으로 사용한 비결은 '시간 사용 기록'과 '분석', 그리고 '피드백'을 통해 쓸데없는 시간을 버리고 중요한 일에 '덩어리 시간'을 빼놓은 덕분이었다. 대기업의 회계 장부보다 더 방대한 양을 자랑하는 그의 '시간 통계 일기'를 보면 그가 자신의 시간을 기록하고 분석하는 데 얼마나 공을 들였는지 알 수 있다.

피터 드러커 교수도 "시간 관리의 핵심은 30분이나 1시간 단위로 시간 사용을 기록하고 정기적으로 피드백"하여 쓸데없는 시간을 없애라고 했다. 돈 관리를 잘하는 사람들을 보면 반드시 사용한 금액을 일자별로 기록하고, 월말이 되면 유형별로 다시 분류하여 어디서 낭비가 발생하였는지 분석한다. 돈을 잘 쓰는 것도 시간 사용과 같은 원리라는 생각이 든다. 즉 영수증을 분석하고 피드백하여 불필요한 낭비를 없애는 것과 제한된 시간을 효율적으로 경영하기 위해서 '기록-분석-피드백'하는 것이 공통점이 있다. 시간을 잘 기록하고 분류, 분석, 피드백하면 온전하게 일에 집중하지 못하게 하는 것들이나 집중해야 하는 것에 시간을 덜 쓴 것도 드러나게 되어 있다.

'일과 직접 관계가 없는 것'부터 소중히 다루어라

나의 시간 사용 문제 중 또 하나는, 일과 직접 관련이 없지만 '반드시 해야 하는 것'들에 시간을 덜 썼다는 것이다. 이것은 주로 '관계'나 '학습'과 관련된 것이다. 관계는 나와 연결된 모든 공동체에서 관계를 다 포함하고 있다. 관계가 깨지면 일에 영향을 미친다. 예를 들어 직장에서 사람과의 관계가 깨져 상대방의 마음이 떠나면 회복하는 데 많은 시간이 들뿐더러 일 자체가 멈출 수 있다. 심지어 상처받은 사람이 공동체에서 이탈하면 사람을 새로 뽑고 원점에서 시작해야 한다. 그리고 인풋 없이 일을 해치울 수는 없다. 인풋의 대표적인 것이 학습이다. 학습 없이 일을 하면 한계에 부딪히는 것은 시간문제이다. 나는 급한 마음에 일을 빨리 해치우려고 하다 보니 학습이 충분치 않았다. 일이 잘 풀리지가 않는 것은 당연한 결과였다.

관계를 제대로 맺는 것이나 일에 필요한 학습을 하는 것은 일과 직접 관계는 없지만, 일이 되게끔 하기 위해서 꼭 필요하다.

그 외에 일과는 직접 관련이 없지만 소중히 다루어야 할 제목을 생각해 보고 실천해 보자.

아주 작게, 때로는 벅차게

미국의 여론조사에 따르면 새해 결심이 성공할 확률은 8%에 불과하다고 한다. 그 원인 중 하나는 사람들이 자신이 실제 할 수 있는 것보다 훨씬 더 큰 목표를 설정하는 데 있다. 시간을 잘 사용하려면 '아주 작은' 목표들을 설정하여 작은 성공을 연이어 맛보는 것이 중요하다.

이와 반대로 '아주 벅차게' 시간을 쓰는 것도 필요할 때가 있다. 자기 역량보다 넘치는 일을 의지를 가지고 해내는 것이다. 벅찬 상황을 잘 극복하여야 자신의 수준을 한 단계 높일 수 있다. 얼마 전 글로벌 회사에서 직원 학습 및 훈련 프로그램 중에 중요한 일을 하나만 주지 않고 2~3가지를 동시다발적(同時多發的)으로 주어 역량을 키우는 과정이 있다는 이야기를 들은 적 있다. 나도 회사에서 중요한 보직을 2~3개 겸직한 적이 있었는데, 과업 수행이 만만치 않았었지만 그때가 가장 많이 성장한 때였던 것 같다. 이처럼 시간의 무게를 늘리고 견디면 성장의 열매를 크게 얻을 수 있다.

근면함과 의도적 결핍

시간 사용은 근면함과 관련이 있다. 근면한 사람은 시간을 효과적으로 쓰지 못할 때가 있을지는 몰라도 허비하지는 않는다. 근면함과 관련 있는 개념이 '1만 시간의 법칙'이다. 최소한 1만 시간을 한 영역에 쓴다는 것은 근면함이 없이는 불가능한 일이다. 생각해 보면 세상의 문명이 발전하면서 편리해진 만큼 가치가 없는 일에 우리는 시간을 뺏길 때가 많다. 편리함에 시간을 빼앗기면서 근면한 태도와 근성을 잃어버리게 된다. 근면한 사람은 이러한 '풍요로움 속에서 의도적인 결핍'을 택하며 문명의 도구들을 제한적으로만 사용한다. 가령 모바일 게임, 유튜브 등 시간을 뺏길 수 있는 유혹은 애초에 차단한다. 그런 도구들을 사용 못 해서가 아니다. 원천적으로 그러한 도구들의 유혹을 이기기가 어렵기 때문이다. 유튜브를 몇 편 보다 보면 자기도 모르게 시간이 후딱 지나가는 것을 느꼈을 것이다. '알고리즘은 알고 있다'라는 내용의 메시지를 접한 적이 있었다. 유튜브에서 건설적이고 가치 있는 프로그램을 주로 보면 알고리즘은 그런 내용을 중심으로 소개한다. 반면에 오락이나 재테크, 성적인 것을 주로 보면 그런 것들만 소개하는 악순환의 고리가 계속될 수밖에 없다.

시간을 썼을 때 사라지는 것이 있고 남는 것이 있다. '근면함은 남는 것'이고, '마음을 뺏기는 것은 사라지는 것'이다. 자기가 가진 것 이상으로 누리려고 할 때 시간도 빼앗기고 마음도 빼앗긴다. 자유를 누리려면 가지고 있는 것을 줄여야 한다. 그래야 시간의 질이 높아진다.

시간은 자원 중에서 유일하게 '유한(有限)한 자원'이다. 시간은 보내는 만큼 사라지지만, 시간을 어떻게 바라보고 쓰느냐에 따라 우리의 삶의 질과 결과가 완전히 달라진다. 자신의 시간 중에 상당 부분을 가치가 없는 어떤 것에 빠져 시간을 쓰고 있다면 그것은 중독에 가깝다고 볼 수 있다. 관심 있는 영역이나 그것이 무가치한 것이라면, 그곳에서 빠져나와야 한다. 자신의 시간을 피드백하고, 소중한 것에 덩어리 시간을 할애하는 습관을 들이자.

> POINT. 시간을 기록하자. 6개월 후 피드백해 보고 시간 사용의 오류를 잡자

06
청년의 시작은 성취가 아닌 태도다

모든 사람에게 공평하게 시간과 각기 다른 재능이 주어져 있다. 그러니 신체가 건강하고 정신이 밝은 사람은 언제든지 무엇인가를 할 수 있다. 무엇인가를 할 수 있다는 것은 정말 감사한 일이다. 그런데 성취 전에 먼저 해결되어야 할 것이 있다. 그것은 태도나 각오와 같은 것이다. 그래서 일을 시작하기 전에 먼저 자신을 진단할 필요가 있다. '내가 일을 시작하는 목적은 무엇인가?', '주어진 현실에 최선을 다할 성실함이 있는가?', '바닥까지 내려갈 각오가 되어있는가?', '일하는 과정에 섬길 마음이 있는가?'

열심, 바닥까지 내려가서 배우려는 자세, 섬기는 태도는 성장과 성숙의 기회이며 곧 축복이다.

크고 원대한 꿈보다 '지금'이 더 중요하다

사람들은 꿈을 크게 꿔야 한다고 말하지만, 나는 내가 무엇이되겠다는 생각을 해본 적이 거의 없는 것 같다. 그러나 내게 주어진 환경에서 무슨 일을 하든 성실하게 하고자 했다. "현명한 사람에게는 하루하루가 생활이다."라는 말이 있다. 사실 예수님도 "내일 일은 내일이 되어 걱정하라. 하루의 노고는 그날로써 족하다."라고 하셨지 아니한가. 주어진 현실에서 작은 것을 무시하지 않고 충실하다 보면 생각지도 못한 기회가 온다. 오늘에 충실해 작은 승리를 맛보면 큰 것도 해낼 수 있다. 그 작은 것이 바로 '내게 주어진 하루'다.

하지만 하루에 충실해야 하는 가장 큰 이유는 다른 데 있다. 하나는 '시간은 하나님이 주신 것'이기에 낭비해서는 안 된다는 것이고, 또 하나는 '우리의 성실함이 다른 사람에게 모범이 될 수 있다는 것'이다. 다윗이 골리앗을 상대할 수 있었던 것은 그에게

45

원대한 꿈이 있어서라기보다는, 최선을 다해서 살아낸 일상이 있어서 가능했던 것이다. 여기서 다 열거할 수는 없지만, 나에게도 작은 것에 충실하여 쓰임 받은 사례가 셀 수 없이 많았다.

'바닥'에서 견딜 수 있어야 한다

그런데 우리가 열심히 해야 할 곳은 어디일까? 그것은 '바닥'이다. 바닥은 '현장'이다. '섬길 대상이 있는 곳'이다. 현장에만 있다고 바닥 경험을 하는 것은 아니다. 실제 그 환경에서 아주 오랜 시간을 몸으로 참고 견딜 수 있는 끈질김이 있어야 한다. 자신의 직장은 얻는 것은 적고, 좌절감만 준다고 말하는 사람들이 있다. 그러나 직업의 눈으로 세상을 보면 기회가 보인다. 직업은 스펙보다 실력이 중요하고 밑바닥에서 시작할 수밖에 없는 곳이다. 사실 많은 사람이 선호하고 몰려드는 그곳은 좁은 문이다. 아무도 짊어지지 않으려고 하는 바닥으로 내려갈 때 사실 이곳이 넓은 문이다. 거기엔 기회와 섬김이 같이 있다.

회사에서도 이런 예를 흔히 볼 수 있다. 아주 스펙이 뛰어난 직원을 성장시키기 위해 현장으로 내려보낸다. 그런데 그 과정을 견디지 못하는 직원이 의외로 많다. 좋은 스펙으로 회사에 들어왔지만, 바닥에서 견디지 못하면 탈락하게 되어 있다. 청년들이 바닥에서 몸으로 부딪칠 각오가 되어 있으면 반은 이룬 것이다.

밑바닥에서 있어야 진정한 시작이 온다. 나의 직장 생활에서 전환점 역시 스펙이 아니었다. 직위를 내려놓고 현장으로 내려가 고생을 감수할 때였다.

태도를 바꾸는 데 시간을 써라

우리가 '진짜 얻어야 할 것은 스펙이 아니라 태도'다. 하나님은 우리가 무엇을 할 때 항상 성취하는 축복을 주지도 않으실뿐더러 항상 좌절을 주시지도 않는다. 또한, 모양은 성취와 좌절이지만 내용은 '좌절에서 축복이 될 수도 있고 성취에서 재앙'이 될 수 있다. 개인의 은사는 하나님이 주신 것이기에 내가 무엇을 성취하였다고 하더라도 교만해서는 안 되고, 실패하더라도 그 과정에 배울 것이 더 많기에 좌절할 필요도 없다. 오히려 성취함으로 교만함을 가질 때 그때부터 실패가 시작된다.

나는 그룹의 인사 책임자로 오랜 기간 직원들을 채용해 왔다. 그런데 지원자 중에 스스로 우리 회사가 운영하는 매장을 다 돌아보고 분석하여 리포트를 써 오거나, 우리 회사의 필독서를 여러 권 읽고 적용할 점을 정리해 온 사람을 본 적이 있었다. 이 사람은 자기가 지원할 회사에 대해 마음을 다하는 태도가 있었다. 이런 지원자에게 마음이 가는 것은 어쩔 수 없다. 또 한 번은 화장실에서 우연히 지원자와 마주쳤는데 물을 그냥 틀어 놓고 화장실을 지저분하게 더럽히면서 전화를 하는데 언어 사용이 좀 거칠었다. 아마 그 지원자는 내가 면접관인 줄은 몰랐던 것 같다. 스펙은 좋았으나 그 직원은 태도 문제로 탈락될 수밖에 없었다.

성취보다 중요한 것이 일을 대하는 태도이다. 좌절 속에서 희망이 없다고 생각할 때, 그것을 이기는 것은 태도이다. 반대로 일이 잘될 때는 잠깐 멈추어 자신의 태도를 봐야 한다. 자만의 늪에 빠져 있는지를 살펴야 한다. 자만에 빠져 있다면 성취를 일단 멈춰야 한다.

> POINT. 내가 성취하려고 하는 것의 목적을 먼저 생각하자.

07

도움을 주고 도움을 받을 수 있는
사람이 되어야 한다

　도움을 주고 도움을 받을 수 있는 것은 둘 다 축복이며 감사한 일이다. 도움을 줄 수 있는 자리인데도 도움을 주지 못하는 사람이 있고, 도움을 줄 수 없는 여건인데도 도움을 주는 사람이 있다. 반면 도움을 받을 수 있는 데도 도움을 받지 않는 사람이 있고, 도움을 받고 싶어도 도움을 받지 못하는 사람도 있다.

'도움을 줄 수 있는 사람'이 되어야 한다

도움을 줄 수 있는 사람이 다른 사람에게 도움을 주지 않는다면 그것은 세상에 빚을 지고 있는 것이다. 그런데 다른 사람들에게 도움을 주어야 하는 위치인데도 도움을 주지 못하는 경우가 있긴 하다. 나의 경우에도 직장에서 높은 직급에 있으면서도 일과 관련되어 도움을 주지 못할 때가 있었는데, 이때가 가장 답답하고 고통스러웠던 것 같다. 도움을 줄 수 있는 사람이 되려면 두 가지의 조건이 필요하다. 하나는 '실력'이고 하나는 '돕고자 하는 마음'이다. 도우려는 마음만 있다면 시간을 낼 수 있고, 더 나아가 내가 아는 인맥이나 루트를 통해 어떤 형태로든 도움을 줄 수 있다.

어떠한 경우라도 상대의 지원 요청을 가볍게 여기지 말고 진심으로 도와주려 해야 한다. 내가 도움을 줄 수 있을 때 도와야 한다. 내가 바쁘고 중요한 일이 있더라도 도움을 줄 수 있는 일에 먼저 시간을 써야 한다. 오래전에 사업에 실패하여 어려움을 겪고 있는 친구가 찾아왔다. 큰 도움은 아니었지만 내가 할 수 있는 정도에서 관심과 호의를 베풀었다. 그는 내가 어려운 상황에서 베풀었던 호의에 대해 두고두고 말을 한다. '기브 앤 테이크(Give & Take)'를 이야기하는 것이 아니다. '이해관계를 떠나 남을 도와야 한다는 것'을 말하고 싶은 것이다.

도움을 받을 수 있는 사람이 되어야 한다

도움을 받는 것도 쉽지가 않다. 우선 도움을 받으려면 내가 무엇을 도움을 받아야 하는지를 알아야 한다. 일반적으로 새로운 보직이나 프로젝트를 맡았을 때는 처음부터 어떤 도움을 받아야 할지 모를 때가 있다. 이때는 어느 정도 파악이 되어야 도움을 청할 제목이 나온다. 정리가 안 된 사람에게는 도움을 제대로 줄 수가 없다. 그런데 직급이 높거나 전문가이거나 사업에 계속 성공한 사람인 경우에 도움을 받기가 쉽지 않다. 혹은 자존심(고집)이 세거나 평가에 대한 욕심으로 혼자서 해보려고 하는 경우에도 도움을 받기가 쉽지 않다. 자기가 부족하다는 것을 인정하거나 도움을 받고자 하는 열린 마음이 있는 사람만이 도움을 받을 수 있다. 혹은 자존심(고집)이나 평가에 대한 욕심으로 혼자서 해보려고 하는 경우에도 도움을 받기가 어렵다.

나는 중소기업을 돕는 일을 하고 있다. 그런데 직원 중에는 도움받을 것들을 정리해서 요청하기도 하지만, 간섭하는 것을 불편해하거나 사실을 드러내는 것이 두려워 스스로 해결하려고 하는 사람도 있다. 결국 다른 사람을 끌어들여 도움을 받고 그 공을 도움 준 사람에게 돌리는 자에게 사람들은 몰리게 되어 있다. 그리하여 도움을 받은 사람, 도움을 준 사람 모두 승자가 된다. 조직에서 쓰임 받는 사람들의 특징은 일이 안 되더라도 사람을 잃지는 않는다. 그리고 적을 만들지 않는다. 그러다 보니 도움을 받을 사람이 많다.

일을 성과로 바라보지 말고 남에게 유익을 주는 관점에서 바라보면 일을 대하는 태도가 달라진다. 그러면 성과는 자연히 따라온다. '내 도움이 필요한 곳에 최선을 다해 돕고, 내가 부족한 것을 알고 남에게 도움을 받는 것'이 일이 되어 가는 바른 모습이다. '남을 돕고 남에게 도움을 받는 것은 태도'에 가깝다. 마음이 열려 있어야 가능한 일이다. 도움을 받아본 사람이, 도움을 준 사람이 도움이 뭔 줄 안다.

> 💡POINT. 도움을 요청하면 적극적으로 도와주자. 도움을 받을 일이 있으면 적극적으로 도움을 요청하자.

08

버려지는 시간은 없다

　나는 '자신의 시간을 바르게만 사용한다면 버려지는 시간은 없다'는 것을 철칙으로 믿고 있다. 통상 사람들이 '쓸데없는 데 시간을 쓴다'고 말을 할 때는 소모적이고 비생산적이라 유익이 되지 않을 것 같다고 생각하였기 때문이다. 너무 오락적이거나 도덕적이지 않은 것에 시간을 쓰거나 게을러서 자신을 방치하는 것이 아닌 이상, 한 사람이 자의든 타의든 목적을 가지고 쓰는 시간에 대해 그 가치를 쉽게 판단해서는 안 된다. 그 사람이 경험하거나 관계를 맺거나 학습한 것들이 나중에 어떻게 연결될지는 아무도 모르는 일이다. 자기가 사용한 시간이 버려지지 않으려면 크게 두 가지의 조건이 따라야 한다. 반드시 '가치가 있는 시간'이어야 하고, 사용한 시간에 대해 '교훈'을 얻을 수 있어야 한다.

현실에 최선을 다할 때 얻게 되는 기회들

나는 어렸을 때 몸이 무척 허약하고 병치레를 많이 했다. 어렸을 때 홍역으로 죽을 위기를 넘긴 후유증 때문이었다. 성인이 되어 고향에 내려가면 동네 어른들 사이에서 내가 죽다 살아난 이야기가 회자하곤 했다. 학교까지 가는 등굣길이 멀지 않았음에도 혼자서 학교에 갈 수 없었다. 힘이 없어 수업을 받는 것 자체가 힘들었다. 그래도 아버지는 학교를 결석하는 것은 허락하지 않으셨다. 대신 나를 자전거로 학교까지 매일 데려다주셨다. 그런데 아버지는 학교 정문에 이르기 전의 경사길에서 잘 걷지도 못했던 나를 정확히 경사가 시작되는 바로 그곳에 내려 주었고, 거기서부터 내가 스스로 걸어가게 하셨다. 아버지는 뒤에서 내가 정문 입구까지 들어가기까지 바라보고 계셨다. 입구까지 데려다주시면 좋았으련만, 당시에는 그것이 얼마나 힘들었는지. 하지만 시간이 흘러 내가 중학교에 진학하면서, 내 체력과 건강 상태가 많이 좋아지게 되면서 비로소 그 이유를 깨닫게 되었다.

그렇게 해서 얻은 체력은 나중에 특전사에서 중대장 보직을 수행할 수 있는 계기가 되었다.

군(軍) 중대장 보직을 받기 전 OAC(Office Advanced Course, 고등군사반) 교육을 가게 되었다. 그런데 사회로 진출하려는 심경의 변화가 생겼고 그 뜻을 아버지께 전했다. 일반적으로 장기 복무를 하지 않으면 교육 중에도 사회에 나갈 준비를 하게 되는데, 아버지는 내게 "장기 복무를 하지 않더라도 네가 처한 현실 속에서 최선을 다하라."라고 단호하게 말씀하셨다. 결국 나는 사회에서는 도움이 되지 않을 교육에 최선을 다했고 좋은 성적을 받았다.

이후 전역을 하고 지금 내가 근무했던 회사에 지원하였다. 면접 받는 과정에 답변을 제대로 못 해 진땀을 흘릴 정도로 어려운 상황이었다. 그런데 마지막으로 생각지도 못한 질문을 받았다. "지원자분은 군 OAC 성적이 어떻게 되나요?" 지원자의 성실도를 파악하기 위해 과거의 생활을 질문하곤 하는데, 당시 면접관이 신기하게도 군 OAC 성적과 관련된 것을 물은 것이다. 기업의 면접 시간에 군대의 교육 성적을 물어볼지를 누가 알았으랴. 그 한 가지 질문으로 인해 면접 당시 나이, 전공 등 모든 것이 불리한 상황에서 완전히 역전이 되었다. 그리고 합격하였다.

늦은 것은 없다

베르디가 1893년 생애 마지막으로 쓴 오페라 〈팔스타프(Falstaff)〉는 그의 작품 중 최고로 평가받고 있는데, 이 작품은 그가 80세에 작곡하였다고 한다. 현재 나이 100세를 훌쩍 넘기신 철학자 김형석 교수님은 그의 "삶이 60대 이후부터가 삶의 질이 올라가고 더욱 왕성한 활동을 하는 시기였다."라고 회고하시는 것을 들은 적이 있다.

나는 아주 늦은 나이에 대학원을 진학하였다. 늦은 나이에 대학원에 가는 것에 대해 부정적인 이야기를 한다. 비싼 등록금이 아깝다느니, 진즉에 갔어야 한다느니, 지금 배워서 어디다 쓰려고 하느냐? 등등이다. 하지만 대학원은 직장 생활 중 프로젝트와 업무 과정에 배운 경험과 지식을 정리할 수 있게 해준다. 나이의 한계를 극복하는 과정에 한 단계 레벨 업되는 체험을 하게 된다. "지식은 학교에 있지 않고 기업과 시장에 있다."라고 말하는 사람들도 있지만, 기업에서 시장과 고객을 연구하던 사람들이 MBA에 들어오는데 어떻게 지식이 없을 수가 있을까?

네트워크를 통해 다른 회사, 다른 직종의 사람들과 정보나 지식을 교류하는 과정에 지식의 융합이 일어난다. 어떤 환경에서든지 개인이 어떻게 그 시간을 활용하느냐에 따라서 매우 가치 있는 시간이 될 수도 있고, 그렇지 않은 시간이 될 수도 있다.

진짜 버려지는 시간이 없기 위해서는 '질적인 시간'이 되어야

스펙을 쌓기 위해 열심히 공부하는 것은 성취를 위한 시간이다. 그런데 성취 시간의 비중이 클수록 질적인 시간의 비중은 작아지고 인생에서 소중한 것들을 잃게 된다. 시중에는 효율적인 시간 관리와 관련된 책들이 많이 나와 있다. 그렇지만 시중에서 다루고 있는 시간 관리 기법들은 '질적인 시간의 중요성'을 많이 놓치고 있는 것 같다.

질적인 시간은 주로 '현재나 미래의 사람들의 관계나 사회를 이롭게 하는 데 쓰는 시간'이다. '사람들과의 진정성 있는 관계를 맺는 시간', '사람과의 관계를 회복하는 시간', '현재나 미래의 삶을 풍성하게 하기 위하여 준비하는 시간'들이 그런 것들이다. 한 사람과의 진정성 있는 소중한 관계를 갖는 것이 인간관계를 위해 어떤 단체에 소속되어 많은 인맥을 쌓는 데 쓰는 시간보다 훨씬 질적인 시간이다. 성취를 위해 직장에서 워커홀릭(Workaholic, 일중독자)이 되어 지위도 얻고 어느 정도의 급여도 보장되었지만, 그것으로 인해 가족이나 자기와 관련된 공동체 사람들과 관계가 힘들어졌다면 그것은 생각해 볼 문제다.

이런 질문을 해보면 좋을 것 같다. '지금 내가 쓰고 있는 시간은 현재나 미래에 사람들의 관계나 사회를 이롭게 하는 데 쓰는 시간인가?', '나는 하루에 이 시간에 얼마를 사용하고 있는가?' 이 질문에 바른 답을 얻기 위해 부수적으로 따라가는 것이 시간관리 기법일 것 같다.

POINT. 사람들과의 진정성 있는 관계와 미래를 준비하는 데 시간을 쓰자.

09

나는 문제에 대해 어디를 향하고 있는가?

우리는 늘 문제와 맞닥뜨려 있다. 문제가 없는 사람은 없다. 일로 인한 문제도 있지만, 인간관계와 관련된 것도 있다. 또는 일을 하는 과정에 발생하는 인간관계와 관련된 것도 있다. 일이나 인간관계도 아닌 상황의 변화로 인해 발생하는 문제도 있다. 그런데 문제의 상당 부분은 나로 인해 발생한다. 그러니 나의 문제가 해결되어야 한다. 문제를 어떻게 보느냐에 따라 풀어가는 방식이 다를 수밖에 없다.

문제를 부정적으로만 보는 사람의 특징

매사 부정적인 인식을 가지고 있는 성향의 사람은 그의 언어가 부정적일 수밖에 없다. 부정적인 사람들은 '짜증 나', '재수 없어', '뜻대로 되는 것이 없어'라는 말들을 자주 사용한다. 문제를 부정적으로 보는 성향의 사람들의 특징은 자기중심적이고 아주 현실적이며 자기 이익에 민감하다. 이런 사람들은 앞으로 이루어질 가능성은 배제한 채 현재의 관점에서만 상황을 보는 근시안(近視眼)을 가지고 있다. 그러니 현실적으로 자기에게 피해가 올 것 같은 상황이라고 판단되면 그것을 회피하기 위해 행동을 하는 실수를 저지르게 된다. 가령 부정적인 뉴스나 정보를 가감 없이 그대로 받아들여 행동에 옮기는 경향이 있다.

부정적인 사람은 어떤 문제가 발생했을 때, 먼저 자신을 되돌아보는 기회로 삼기보다는 무조건 남에게 책임을 돌리고 세상을 탓하기만 한다. 또한, 문제를 바라보는 시각에 있어 문제 발생의 원인 제공이 자신이 아닌 외부에 있다고 생각하는 경향이 있다. 또한, 자신에게 닥친 시련이나 불리한 상황들을 현재 입장에서만 바라보고 무조건 불운하다고 생각한다.

문제를 긍정적으로만 보는 사람의 특징

나는 특전사에서 근무하였는데 부대 훈이 'Mission Impossible(불가능은 없다)'이었다. 그런데 세상에는 불가능한 것이 너무도 많다. 세상의 문제 중에 얼마나 많은 예기치 못한 것들이 발생하고, 그것 중에는 해결할 수 없는 것도 있으며, 그것들을 긍정적인 사고를 가지고 해결하려고 달려들더라도 예기치 못한 실패들이 있다는 것은 누구나 경험하는 바다. 비즈니스뿐만 아니라 일상에서도 긍정적으로 될 것이라고 생각했던 것들이 좌절을 겪는 것들이 한둘이 아니다. 긍정적인 사람들은 부정적인 사람과 달리 한두 가지의 긍정적인 면을 확대해서 봄으로써 부정적인 리스크를 무시하는 경우가 있다.

부정적인 것에 얽매여 가능성을 포기하는 경우가 없는 것은 아니다. 그러나 모든 것이 '캔 두 스피릿(Can do spirit)'으로 해결되지는 않는다. 캔 두 스피릿으로 해결할 수만 있다면 모두 승리자가 되어야 하지 않겠는가? 캔 두 스피릿은 무엇인가를 성취하려는 사람들이 쓰는 말이다. 성취가 되었다고 문제가 완전히 해결된 것이 아니다. 여전히 문제의 불씨들은 남아 있다. 특히 사람들과의 관계는 '캔 두 스피릿'이 아닌 관계의 진정성과 소통이 더 중요하다.

문제가 가능성이 되기 위한 POSSIBLE 원리

문제는 해결하라고 있다. 불가능해 보이는 문제가 해결이 되기 위한 원리를 생각해 보았다.

■ Person(사람)

문제의 많은 부분은 사람과의 관계에서 발생한다. 일이 사람보다 우선하지는 않는다. 급한 마음에 일을 잘하려고 하다 일을 그르칠 수 있다. 일을 시작할 때나 진행하는 과정이나 사람의 마음을 먼저 얻어야 한다.

■ One(하나)

모든 문제를 한꺼번에 해결할 수는 없다. 하나씩 해결하여야 한다. 개인의 고통을 짓누르고 있는 무게가 하나씩 덜어내야 그다음으로 나아갈 수 있다.

■ Share(공유)

일은 다른 사람과 연결되어 있다. 그러므로 합력하여 문제를 해결하는 방법을 고민하여야 한다.

■ Study(학습)

문제를 해결하기 위해서는 문제를 해결하기 위한 지식이 있어야 한다. 그러려면 인풋(Input)이 있어야 한다. 사람의 마음을 얻는 것도, 일을 해결하기 위한 프로세스도 다 지식이다.

■ **Individual**(개별화)

문제를 분석하다 보면 그 문제만이 가지고 있는 개별적인 특성이 있다. 이것을 찾아야 한다. 개별적인 특성을 고려하지 않을 경우 오히려 문제를 더 키울 수 있다.

■ **Blind**(원인 찾기)

문제마다 그 문제만의 개별적인 특성이 있는 것처럼, 각 문제마다 문제가 발생할 수밖에 없는 숨겨진 원인이 있다. 그 뿌리 깊은 원인을 찾아야 한다.

■ **Late**(빠른 대응)

문제를 너무 키우지 말라. 물론 너무 급하게 대응하여 화가 되는 경우도 있지만, 문제가 있을 때 가급적 빨리 대응하는 것이 바람직하다.

■ **Enter**(개입)

대충해서 해결되는 것은 없다. 문제에 발을 담가야 한다. 문제에 직면하고 해결책을 모색하여야 한다.

문제는 언제나 우리에게 기회를 준다. 그 기회가 나의 것이 되려면, 문제를 긍정도 부정도 아닌 객관적으로 보는 시각이 필요하다. 때로는 긍정적, 때로는 부정적, 때로는 중립적일 때도 있어야 한다. 그게 균형이다. 문제가 해결되었다고 문제의 불씨가 완전히 꺼진 것이 아니다. 언제든지 그 불씨는 다시 피어날 수 있다. 반대로 문제를 해결하지 못했다고 실패한 것이 아니다. 그 과정들은 다른 문제를 해결하는 데 언젠가 큰 도움이 될 수 있다. 그러려면 문제가 가능이 되기 위한 원리들을 충실히 따라야만 한다.

POINT. 문제를 바라보는 균형적인 시각이 필요하다.

그리고 불가능이 가능할 수 있게 위한 원리를 충실히 따르자.

10

탐욕은 쌓아 높은 탑을 모두 허물어트린다

　이 세상에 탐욕을 제어할 수 있는 사람이 얼마나 될까? 탐욕은 여러 형태로 우리의 삶을 지배한다. 탐욕은 탐욕과 관련된 행위를 하면서도 도덕적인 민감성을 잃어가고, 급기야는 점점 더 집착하는 마력(魔力)을 가지고 있다. 더 높이 올라가려는 욕심, 더 많이 가지려는 욕심, 더 많이 인정받고 싶은 욕심들이 탐욕을 불러일으킨다.

역량이나 지식이 부족한 상태에서의 과도한 성취 목표, 부정이나 인맥으로 획득한 학위, 투기에 준하는 투자로 인한 부의 획득, 자기의 본업을 훼손하는 활동들. 이러한 것들은 언젠가 값을 치를 수밖에 없다. 그러므로 이런 것들에서 자신을 관리하지 못했을 때 오는 파장을 미리 인식하고 항상 경계하여야 한다.

지나친 목표도 중독이다

애덤 알터는 《멈추지 못하는 사람들》이라는 책에서 목표를 달성하기 위해 완벽함을 추구하는 현대인의 모습을 조명하였다. 그는 성공 이후에 오는 허탈감이나 실패에 따른 상실감을 잘 이겨내야 목표를 달성하는 과정의 부작용을 최소화할 수 있다고 한다. 그는 완벽주의라는 단어가 나오는 책이 1900년대에는 0.1%에 불과하였지만, 오늘날에는 20권당 한 권에서 나온다고 하였다. 목표를 달성하기 위해 완벽함을 지향하고, 이 완벽함이 삶을 피폐하게 만든다. 목표를 높이면 높일수록 실패할 가능성이 많고, 그 과정에 좌절도 그만큼 많이 할 수밖에 없다.

행복의 조건이 나의 절대적인 소유나 성취의 기준이라기보다는, 남들과 비교에서 오는 우월감, 안도감, 상실감에 기인한다는 것은 다 아는 사실이다. 이것이 사람들에게 더욱 탐욕심을 가지게 만드는 요인일 것이다. 이러한 상황에서 자기의 노력과 지식을 뛰어넘어 더 많이 획득하려고 할 때 문제가 발생한다.

질과 관련된 목표에 더 관심을 두자

직장이나 사업장에서 안정된 위치에 이르고 착실히 저축을 하여 어느 정도 재산도 모은 사람이 있다고 치자. 그런데 탐욕으로 인해 투기성에 가까운 비정상적인 것에 발을 들여 놓으면 그가 지금까지 힘들여 쌓아 놓은 것들이 한순간에 물거품이 될 수도 있다. 이로 인해 그다음 단계로 나아가는 것조차 막히게 된다. 이러한 탐욕의 결과로 인해 어려움을 겪는 사례는 주위에서 아주 흔하게 볼 수 있다. 내가 아는 어떤 지인은 도박으로, 어떤 지인은 주식으로 거의 전 재산을 잃었다. 그는 마음을 다시 잡고 건전한 노동으로 일상을 회복하였지만, 그 과정을 지켜보는 나로서도 안타까움이 많았다. 획득하기는 어렵지만, 무너지는 것은 한순간이다. 지나친 탐욕은 삶의 균형을 무너트릴뿐더러 순수한 열정들을 빼앗아 간다.

제도 설계 담당자들이 주의해야 할 것

회사의 목표를 조직이 가진 역량 이상으로 지나치게 높게 잡고 이를 달성하기 위해 여러 가지 관리가 들어가는 과정에 사람들의 마음이 상처를 입고, 조직이 피폐해지는 것도 '조직 성과의 탐욕'의 결과라고 생각한다. 직원들이 자율적인 동기를 가지고 고객들에게 가치를 제공하여 목표를 달성하면서 제도에서 주는 혜택을 누리면서 회사도 커 나가는 것이 이상적인 모습일 것 같다. 목표를 달성했지만 조직원들의 팀워크가 깨지고 경쟁심이 유발되어 정보가 공유되지 않는 환경은 조직의 진정한 모습이 아니다. 그래서 제도를 설계하는 책임자는 높은 목표가 탐욕이 아닌 '사회의 기여와 진정한 성취의 동기'가 되도록, 사람을 잘 뽑고 잘 배치하고 잘 학습 성장시켜 개인 및 조직의 역량이 올라가도록 하고 목표를 달성하도록 동기 부여하는 설계를 고민하여야 한다.

누군가가 나에게 "다시 청년으로 돌아간다면 무엇을 고칠 것인가?"라고 묻는다면 "탐욕과 관련된 것에 시간과 마음을 뺏기지 않고, 질적인 삶을 풍요롭게 하는 데 더 시간을 쓸 것이다. 그리고 탐욕을 위한 결정들을 하지 않을 것이다."라고 답할 것 같다. 탐욕과 관련되어 마음을 뺏기는 그 시간에 자신의 경쟁력을 높이는 데 시간을 쓰자. 바른 인성과 지식을 갖추고 다른 사람과의 관계를 좋게 하는 데 시간을 쓰자. 청년들의 시간은 귀하다.

> POINT. 세상에 공짜는 없다. 지나친 탐욕은 패망의 지름길이다.

11

자기 머릿속의 프로그램을 버려라

좋은 스펙과 취득한 지식, 그리고 시간이 지나면서 얻게 되는 경험, 이런 것들이 우리에게 항상 도움이 될까? 그렇지는 않은 것 같다. 오히려 방해될 때가 훨씬 많다. 직장에서 일반적으로 사람들이 막히는 경우를 보면, 그가 지금까지 자랑으로 여기던 것들이 그의 머릿속 중심부에 깊숙이 자리 잡아, 상황이 다르거나 바뀌었는데도 불구하고 과거의 생각과 일하는 방식을 계속 고집하고 있을 때이다. 이것은 자신을 가둬 버리는 불행의 시작이 될 수 있다. '머릿속 프로그램'이 고정된 상태에 머무르지 않으려면 어떻게 해야 할까?

성공 경험은 그 순간 잊어버려라

일전에 한 경영자와 나눈 이야기가 인상적이었다. "브랜드를 재론칭하면서 과거의 소비자들과 인터뷰한 자료들을 되돌아보았는데 많이 본 이름과 얼굴이 있었습니다. 누군가 확인해 본 순간 깜짝 놀랄 수밖에 없었어요. 그 사람은 요즘 시장에서 핫하게 뜨고 있는 ○○채널의 대표였습니다."

인터뷰를 할 당시 그는 대학생이었고 아르바이트생으로 조사에 임한 상태였다. 그 당시 그 학생을 인터뷰하던 브랜드는 이미 시장에서 성공을 이룬 큰 브랜드였다. 그런데 성공을 경험한 회사는 시장의 트렌드를 읽지 못해 시장에서 고전하고 있고, 아무 힘없던 한 학생은 시장의 강력한 리더가 되어 있었다. '성공을 하는 순간 성공 경험은 버려야 한다.' 상황이 다르고 환경이 변한 상태에서 그 경험은 전혀 도움이 되지 않는다. 성공은 자기를 자랑하는 교만의 도구로만 존재할 뿐이다.

학력도 지식도 때론 방해가 된다

시장에서 요즘 뜨고 있는 벤처회사의 젊은 CEO와 미팅을 한 적이 있었다. "저도 미국의 명문대학을 나왔지만요. 최근 느끼는 것은 학력은 일하는 데 도움이 안 되는 것 같습니다. 오히려 학교를 중퇴하거나 못 나온 친구들 중 이 업(業)에 열정을 갖고 매달리는 친구들이 훨씬 일을 잘해요. 명문대 나온 친구들은 학력 우월주의에 빠져 자신의 스펙이 능력인 줄 착각하고 있습니다."

어떤 경영자에게도 비슷한 이야기를 들었다. "본부 전략실에 있는 직원들과 현장에 있는 직원들 모두에게 고객 조사를 하게 하고 전략서를 내게 했는데요. 현장에서 근무하는 직원이 낸 레포트가 훨씬 인사이트(Insight, 통찰력)가 있고 내용이 좋아요."

본부에 있는 직원들은 스펙으로 치면 현장에 있는 직원보다 훨씬 많이 배운 사람들이다. 리테일 지점의 한 점포 사장님은 조그마한 매장에서 한 달에 거의 1억 원 정도의 매출을 올린다. 그분은 고객의 니즈를 정확히 읽고 매일 테마, 날씨, 트렌드와 판매 추이를 비교하면서 가장 잘 팔릴 상품을 바로바로 선보여 발빠르게 대응한다. 그러니 사장님에게는 이 영역을 전공하고 전문적으로 연구하고 있는 본부 스텝이 도움이 안 되고 오히려 방해가 될 뿐이다.

강점도 때로는 포기해야 한다

사람은 강점으로 일해야 한다. 맞는 말이다. 그런데 때로는 강점이 방해되는 경우가 있다. 일을 하다 보면 자신의 강점보다 다른 사람의 강점이 필요할 때가 있다. 그때 자기가 가진 것이 그 상황에 우선이 아닌데도 자신을 드러내 일을 망친다. 다른 사람의 강점이 필요할 때는 그 강점이 있는 사람에게 자리를 내주어야 한다. 지혜가 필요한 대목이다. 자신의 강점은 필요가 없는 것이 아니라 상황에 따라 그곳에서 쓰이지 않을 뿐이다. 내가 근무했던 리테일(Retail) 점포 중에서 매출이 놀랄 만큼 성장하는 점포가 있었다. 많은 유통 점장이 그 매장의 지식을 가져다 쓰려고 그 매장에 가서 학습한다. 처음에는 열정을 가지고 배우고 열심히 적용한다. 그러다 막히는 경우가 있다. 그러면 다시 가서 물어보고 해서 끈질기게 해결해야 하는데, 어느 순간 자신의 방식으로 돌아간다. 큰 성과가 나는 것을 보고도 대부분 점장이 자신의 강점과 일해 왔던 방식으로 원상 복귀를 한다.

'머릿속 프로그램'을 버리는 것은 정말 어렵다. 그동안 자기가 성취한 성공 경험, 획득한 학력, 입수한 정보와 지식을 버릴 수 있을까? 심지어 자신의 강점까지도 말이다. 그것이 무기인데 말이다. 그러나 때로는 그것을 버려야 한다. 회사에서 '성장하는 사람들은 자신의 이력과 성취를 버리고 고객의 관점에서 무엇을

72

도울 것인지를 생각하는 특징'이 있다. 자기 것을 버리고 항상 원점에서 남을 바라보려면 고객의 머릿속에 들어가 그들이 원하는 것이 무엇인지를 알려는 자세가 있어야 한다. 그러면 깨달음은 따라온다. 자신을 버리면 더 큰 세계가 눈앞에 펼쳐진다.

 POINT. 성공은 잊자. 성취한 것도 잊자.

잘 나갈 때 안 될 때를 대비하고, 안 될 때에 잘될 것을 소망하자.

PART 2

청년의 지식

01

지식인이 되는 데 필요한 3가지 태도

사회 초년생으로 똑같이 출발하더라도 어느 시점부터 직위나 연봉의 차이가 나기 시작한다. 시간이 가면 갈수록 격차가 벌어진다. 격차가 벌어지는 이유가 무엇일까? 여러 이유가 있겠지만, 나는 '정보를 지식화하는 능력'과 관련이 있다고 생각한다. 그건 대략 4가지이다.

첫째는 '정보를 받아들이는 자세와 능력', 둘째는 '정보를 고급 정보로 발전시키는 능력', 셋째는 '고급 정보를 실행하고 시스템화하는 능력', 넷째는 '자신의 지식을 피드백하고 교훈을 도출하는 능력'이다. 결국은 '정보를 어떻게 내재화(內在化, 자기 것으로 소화)하고 실행할 수 있는 역량(성과를 창출할 수 있는 실행력, 성과를 내는 데 나타나는 행동 특성)을 갖추느냐에 따라서 몸값이 차이가 난다'라고 할 수 있다.

나 자신의 생각에서 벗어나야 한다

내가 근무하던 리테일의 지점에는 매장을 운영하는 사장님들이 많다. 그런데 매장을 운영하는 방식이 제각각 다름을 발견하곤 한다. 같은 브랜드에 상권의 조건이나 규모까지 비슷한 매장 간에도 매출의 차이가 크게 나곤 하는데, 그중에는 심지어 매출이 3배 이상 차이가 나는 곳도 있었다. 사장님들 중에는 사업을 막 시작한 분부터 20년 이상 된 분까지 경력도 제각각이다. 그런데 예상과 달리 경력이 많다고 매출을 많이 하지는 않았다. 이분들을 인터뷰해 보니, 경력이 얼마 안 되는데 매출을 많이 올리는 사장님은 아는 것이 없다면서 새로운 것들을 스펀지처럼 잘 받아들인다. 반면에 경력이 오래된 매장주분들 중에는 다 아는 것처럼 이야기하는 경우가 있었다. 더욱이 매출이 안 좋은 이유를 외부 요인으로만 돌리기도 했다.

지식을 획득하는 데 방해가 되는 요인은 자신에게 있다. 일반적으로 사람들은 오랫동안 해왔던 자신만의 일하는 방식이 있는데, 이것 때문에 좋은 것을 못 보는 경우가 종종 있다. 특히 전문가들이 그렇다. '자신이 다 알고 있다고 생각하는 사람은 배울 수 없다.' 일이 잘 안될 때는 내게 문제가 있다는 것을 먼저 인정해야 한다. 마음을 오픈해 외부의 지식을 받아들이면 문제를 해결하는 시작이 된다. 지식은 외부로부터 온다.

'고급 정보'를 가지고 실행하라

나와 같이 근무했던 직원 중에 데이터와 정보를 관리하는 데 뛰어난 직원이 생각난다. 그는 업무와 관련된 데이터와 정보를 모두 수집하여 체계적으로 저장할 뿐만 아니라, 무슨 자료가 필요할 때면 언제든지 찾아 준다. 기억력도 뛰어나 그동안 업무 과정의 히스토리를 모두 알고 있다. 거기다 업무적으로 박학다식하다. 정보의 양으로 치면 이 직원이 회사에서 가장 많은 성과를 내야 한다. 그런데 그 직원의 실질적인 성과에 대해서는 의문이 들 때가 많았다. 이 직원은 정보를 많이 가지고 있으면서도 왜 성과를 잘 내지 못하는 것일까?

'데이터'가 '정보'가 되고 이것이 모여 '고급 정보'가 되는데, 이를 토대로 실행해 나온 결과가 곧 '지식'이다. 실행할 수 있는 고급 정보를 얻으려면 데이터를 모으고, 나누고(분류), 관련된 것끼리 하나로 묶어야 한다. 이는 어떠한 지식이 필요한지를 알아가는 과정이다. 데이터를 접하더라도, 그것을 고급 정보화하고 실행해서 결과를 낼 때만 내 것이 된다. 이 직원은 고급 정보를 실행하는 능력이 부족했던 것이었다. 이 세상을 바꾸는 것은 'being'보다 'doing'에 관련된 지식이다. 피터 드러커 교수도 being이 아닌 doing 지식을 강조하지 않았던가?

나는 '한경기획'이라는 회사의 경영 고문을 하기 전에 이곳에서 운영하는 '청년다방'이라는 브랜드를 가족과 함께 방문하였다. 먹어 보니 맛이 있었다. 나를 포함해 우리 가족들은 청년다방을 한 번도 이용해 본 적이 없었다. 오래된 브랜드인데도 어떻게 우리 가족은 한 번도 간 적이 없었을까? 나는 그때 '제공하는 밸류(Value, 가치)만 있다면 사업 모델을 바꾸지 않더라도 매출을 늘릴 수 있겠구나'라는 생각이 들었다. 청년다방 입장에서 우리 가족과 같은 비고객이나 잠재고객을 아는 것은 정보이다(피터 드러커 교수도 비고객에 주목하라고 하였다). 그리고 그들이 무엇을 해 주면 올 수 있는지를 아는 것이 고급 정보이다. 그 고급 정보를 이용해 매장에 발을 들여놓게 하는 것이 지식이다.

남에게 피드백 받는 두려움을 극복해야 한다

사람들은 모두 자신의 '강점'을 가지고 있다. 그런데 강점에 따라 지식을 획득하는 방식이 다르다. 가령 마케팅에 강점이 있는 사람은 마케팅 지식에 관심이 있을 뿐 아니라, 이 부분의 지식을 수월하게 획득한다. 반면에 꼼꼼하게 메니지먼트 하는 영역에는 취약할 수도 있다. 내가 강한 점은 나와 함께 일하는 상사나 동료가 더 잘 알고 있다. 따라서 그들의 피드백을 정기적으로 들어 봐야 한다. 피드백을 받다 보면 내가 인정하기 싫은 부분이 있다. 어느 정도의 위치에 있거나 전문가일수록 자신의 부족한 부분을 피드백 받는 데 어려움을 느낀다. 앞의 사례의 매장주나 고참 직원이 매출을 못 올리거나 성과를 내지 못하는 이유를 제대로 피드백하였더라면 '자신의 전문성이나 그동안의 경험이 오히려 방해가 될 수 있다는 것'을 알게 되었을 것이다.

정리하자면, 일을 잘하고 성장하는 사람들은 지금까지 설명한 3가지의 특징을 공통으로 가지고 있다.

- **자신이 알고 있는 것만을 고집하지 않고 외부의 다양한 것을 받아들인다.**

- **가진 정보를 실행하면서 지식을 내 것으로 만든다.**

■ 남의 입을 통해 나를 피드백한다.

자기 경험과 지식에만 갇혀 있지 않고, 다양한 외부의 지식을 유연하게 수용하는 데는 겸손함과 용기가 필요하다. 물론 남을 통해 나의 수준을 아는 데도 마찬가지다. 그러니 필요한 역량을 획득해 지식인이 되는 데는 스킬보다 태도가 우선되어야 한다.

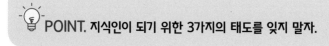

POINT. 지식인이 되기 위한 3가지의 태도를 잊지 말자.

02

몸값이 차이 나기 위한 좋은 습관

일을 할 때는 무조건 자원(資源, 사람-돈-시간-공간 등을 일컬음)이 들어 간다. 나는 직장에서 일을 하면서 자원이 풍족할 때가 거의 없었 던 것 같다. 항상 사람이 부족하고 돈이 부족하고 시간이 부족했 었던 것 같다. 그런데 지식이 없는 사람일수록 자원을 많이 쓴다. 자원을 많이 써서 성과라도 내면 좋겠지만 지식이 없으면 그나마 쉽지 않다. 지식이 없어서 치러야 하는 '값 지불'의 교훈은 분명하다. 반면에 지식이 있는 사람은 적은 자원으로도 큰 성과를 낸다. 몸값의 차이는 자원을 적게 쓰면서 돈을 버는 지식의 유무이다. 성과 내는 지식을 획득하려면 지식을 획득할 수 있는 습관을 가져야 한다.

지식을 얻기 위한 습관은?

'지식을 얻기 위한 습관'을 한마디로 정의하면 "어디서 어떻게 지식을 습득하고, 그렇게 획득한 정보를 어떻게 다루는가?"이다. 지식의 원천(源泉)은 "지식 있는 사람이고, 지식이 있는 장소이고, 지식이 있는 채널이고, 지식이 있는 책"이다. 지식이 있는 사람이란 그 분야의 도사다. 지위 여하, 남녀노소를 불문하고 나보다 지식이 많은 사람은 모두 스승이다. 이러한 스승과의 네트워킹을 통해 지식을 잘 획득하여야 한다. 지식이 있는 장소는 고객과 경쟁자가 있는 현장이다. 지식 있는 책은 주로 절판된 책이다. 아 이러니한 것은 사람들이 찾는 베스트셀러에는 오히려 지식이 없는 경우가 많다. 요사이는 인터넷과 유튜브도 과거와 달리 고급 정보가 너무나 많다. 지식 있는 사람들이 수익을 창출하기 위해 자신의 노하우를 유튜브에 내놓기 시작하면서, '고급 정보의 노출이 일반화'되있다. 사람, 현장, 채널과 책을 통해 잘 관찰하고 잘 기록하고 잘 묻는다면 지식인이 될 수 있다.

몸값이 차이가 나는 이유는 개인 지식의 차이 때문이고, 그 지식이란 '실행 지식'이다

앞에서 잠깐 설명한 것처럼 지식은 통상 세 단계(데이터-정보-지식)를 거친다. 데이터를 어떤 주제를 가지고 모아 놓으면 정보가 된다. 그런데 정보 중에서 지식까지 가기 직전까지의 정보가 고급 정보다. 고급 정보까지 연결되어야 실행이 가능하다. '정보가 움직이지 않는 것'이라면 '지식은 살아 움직이는 것'이다. 아무리 좋은 정보라도 실행하지 않으면 지식이 될 수 없다. 정보의 양이 많고 질이 좋으면 지식으로 올라갈 확률만 높아질 뿐이다. 지식은 실행하여 결과를 내기 전까지는 그냥 정보일 뿐이다. '획득한 정보를 어떻게 다루고 실행하느냐에 따라 지식인'이 될 수 있다. 실행하려면 실행 지식이 필요하다. 실행 지식이란 '실행하는 데 필요한 조건이 무엇인지를 알고, 그 조건을 해결하거나 실행하는 과정에 버그(Bug, 오류)를 잡을 수 있는 능력'을 말한다.

피터 드러커 교수는 "지식 자본가는 성과로 자기를 증명"하여야 한다고 하였다. 성과로 자기를 증명하려면 '숫자로 증명'하여야 한다. 그 '숫자가 돈'이다. 그래서 비즈니스 관점에서 지식을 한마디로 정의한다면 '돈이 되는 것'이다. 매출이 올랐는가? 이익이 많아졌는가? 비용이 줄었는가? 품질이 좋아졌는가? 시간이 단축됐는가? 사람이 줄었는가? 등이 지식의 결과를 알 수 있는 질문이다. 정보만으로도 지식인을 가장하여 사람을 속일 수 있다. 정보에 속지 않으려면 반드시 이런 질문을 해야 한다. "그래서 바뀐 것이 무엇인가?" 지식이 있다고 하면서 숫자를 바꾸지 못하는 것은 무조건 의심해 보아야 한다.

그런데 정말 좋은 지식은 결과가 한 가지가 아닌 여러 가지에서 큰 효과가 나타난다. 예를 들면 '사람은 줄었는데 일하는 속도가 배로 빨라지고 품질은 더 좋아졌다.'라고 하는 것처럼 말이다. 지식이 성과를 내 세상에 알려지는 순간, 그것을 누구나 가져다 쓸 수 있다. 그러나 그것을 가져다 써서 성과를 내려면 자기 과업이나 조직에 맞는 형태로 실행 지식을 찾아야 하고 추가적인 지식을 더해야 한다. 그런 케이스들이 많이 쌓이게 되면 당당하게 몸값을 높게 부를 수 있다.

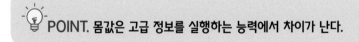

POINT. 몸값은 고급 정보를 실행하는 능력에서 차이가 난다.

03

책을 통한 하우(How) 찾기

　책은 정보를 제공한다. 아주 소수의 책에서 일정 부분만이 지식을 다룬다. 일반적으로 사람들이 책을 선택하는데 일차적으로 영향을 주는 요소는 책 제목, 책의 디자인, 목차라고 한다. 그러니 잘 팔리는 책과 책의 질과는 꼭 비례하지 않은 것 같다. 베스트셀러처럼 많은 사람이 좇아가는 곳보다는 오히려 읽기 힘들고 시간이 오래 걸려 사람들이 포기하는 곳에 배울 만한 것이 있다.

그래서 '지식은 읽는 것을 포기하지 않는 소수의 사람에게만 돌아간다.' 정보를 접하는 채널로 인터넷이 있지만, 고급 정보의 획득 관점에서 책보다 유용한지는 아직 모르겠다. 그 이유는 정보의 획득 방법이 너무 쉽기 때문이다. 피터 드러커 교수조차도 컴퓨터를 정보의 변혁 관점에서 유용하지 않다고 보았다. 지금 살아 계시다면 다른 이야기를 할지는 모르겠지만….

좋은 책을 고르고 효과적으로 책을 읽는 방법은 언제나 큰 관심사였다. 최근에는 그때와 달리 독서에 관한 근본적인 질문을 다시 하게 되었다. "지금껏 그렇게 많은 책을 읽은 나는 얼마나 변화가 있었을까?" 그리고 "독서를 통해 비즈니스에 근본적으로 변화를 일으킨 사례가 있었는가?" 이와 같은 물음이었다.

변화를 동반하는 독서

'제대로 책을 읽는다'는 의미는 읽는 이로 하여금 '변화'를 일으키는 것이라고 생각한다. 그렇다면 '독서를 통한 변화'란 무엇인지 다음의 4가지 변화 유형을 통해 살펴보자.

첫째는 '무언가를 극복하고 회복하는 힘', 즉 지치고 힘들 때 다시 일어날 수 있는 변화이다. 새로운 결심을 하거나 의지를 다지는 계기가 된다.

둘째는 '태도와 관련된 변화'이다. 여기서 말하는 태도란 균형 있는 사람으로 거듭나는 것을 말한다. 독서를 통해 다양한 정보와 지식을 쌓게 되면, 더욱 객관적인 시선을 갖는 데 도움이 된다. 이는 타인을 더 깊이 이해할 수 있는 사람이 될 기회를 준다.

셋째는 '올바른 의사 결정을 할 수 있는 힘'이다. 올바른 판단을 내리는 데 도움이 되는 다양한 지식을 제공한다.

마지막은 '문제 해결에 능력을 갖춘 사람으로의 변화'이다. 책에서 얻은 베스트 프랙티스(Best Practice, 검증된 성공 사례)가 이전의 정보와 합쳐져 복잡한 과제를 해결하는 데 열쇠가 된다.

책을 많이 읽는다고 무조건 유익한 것만은 아니다. 책을 많이 읽어 박학다식하지만, 이를 실제 삶에 적용하여 변화로 끌어내지 못하는 경우가 많다. 위에서 제시한 4가지의 변화를 고려한다면 독서란 단순한 정보 흡입과 같은 일이 아닌, 보고 느끼고 깨닫고 적용하는 과정 그 자체가 되어야 할 것이다.

문제 해결을 위한 1+2 방식

'1+2 방식의 독서'에 대해 설명하려고 한다. 책을 통해 지식을 획득하고 문제를 해결하는 좋은 방법 중 하나는 자기가 해결하려는 주제와 관련된 메인(Main) 책 한 권을 정해서 완전히 독해를 하고 관련된 책 두세 권을 선택해서 보완하는 방법이다.

이 방법은 자기나 조직의 문제를 해결하는 데 정말 효과적인 방법이다. 우리가 많은 책을 읽으면서도 이를 실제 업무에 적용하지 못하는 이유는 책을 읽는 잘못된 방식에 있다. 일반적으로 사람들은 문제를 해결하기 위해 여러 권의 책을 가져다가 필요한 것만을 끄집어내어 적용하려고 한다. 하지만 이렇게 해서는 문제 해결에 도움이 되지 않는다.

1+2 방식은 책을 읽는다기보다는 '완전히 분해하는 것'에 가깝다. 구체적으로 보자면, 1+2의 1은 해결하려고 하는 주제를 다루고 있는 메인 도서를 말한다. 메인 도서를 정했다면 한 번만 읽고 끝내는 것이 아니라 여러 번 반복해 읽으면서 여기에 담긴 원리를 완벽히 이해하며 베스트 프랙티스를 추출하여야 한다. 2는 메인 도서의 부족함을 채울 수 있는 보조 도서 2권을 말한다. 이렇게 최소 3권의 책을 깊게 파서 문제를 해결할 수 있는 단계까지 발전시켜, 그것을 적용하고 응용할 때 문제 해결에 접근할 수 있다.

1+2 방식 적용 방법 (사례)

비스니스를 하는 데 있어 수익 구조(受益構造)가 중요하다. 수익 구조란 '어떠한 상황에서도 돈을 벌 수 있는 구조'이다. 같은 업종 내에서도 수익이 차이가 나는 회사들이 많은 데 이것은 핵심 역량이나 전략의 차이이기도 하지만, 수익 구조에서 차이가 나는 경우가 많다. 수익 구조를 잡는 데 도움을 주는 책은《수익지대》가 있다. 경영의 그루인 에이드리언 J. 슬라이워츠키가 쓴 책이다. 이 책에는 수익성을 높이는 사업 설계의 예들이 나온다. 실제 나는 외식사업부 본부장일 때 이곳에 나온 사례들을 적용해 메뉴 포트폴리오를 구성하여 매출총이익을 두 자릿수로 올린 적이 있었다.

그런데 이 책 한 권으로는 완전하지는 않다. 수익 구조를 잡는 데 도움이 되는 2개의 책이 더 있다.《레드오션 전략》과《코스토 베이션》이다. 이 3권의 책을 학습한다면 제품, 고객, 사업 관점에서의 수익 구조를 잡는 데 균형된 지식을 제공해 줄 것이다.

최근 고객들이 니즈가 다양해지고 있다. 시시각각 변하는 고객 니즈를 맞추려면, 고객이 원하는 서비스를 고객이 원하는 때에 원하는 곳으로 제공할 수 있어야 한다. 고객이 원하는 형태로 서비스를 제공하려면, 조직원 모두가 일하는 방식의 혁신이 필요하다. 이와 관련한 책을 찾는다면 (오래된 책이긴 하지만) 마이클 해머 박사의《기업혁명과 리엔지니어링》을 참고로 할 수 있다. 이 책에서는 고객 관점에서 최단 거리로 최단 시간 내에 고객에게 가치를 제공하기 위해 프로세스를 재설계하는 사례와 방법 등을 제시하고 있었다.

하지만 역시나 한 권만으로는 문제를 해결하기에 부족하다. 프로세스를 재설계한 상태에서의 조직 구성이나 성과 관리 방식 등은 핵심적으로 다루지 않았다. 메인 책 한 권으로는 문제를 완전히 해결할 수 없기에 보조 도서가 필요하다. 저자인 마이클 헤머 교수 자신도 《기업혁명과 리엔지니어링》에서 실제 문제에 적용할 수 있는 솔루션을 완벽히 제공하지 못했다는 것을 시인하고, 다른 책인 《리엔지니어링 그 이후》, 《빠르게 싸게 더 좋게》에서 추가적인 내용을 다루었다. 그 외 제프리 라이커의 《The Toyota Way Fieldbook》도 프로세스를 잡는 데 도움이 되는 좋은 책이다.

POINT. 문제를 과제와 관련된 책 1권과 보조 도서 2권을 통해 해결하자.

04

관찰을 통해 지식 획득하기

관찰을 한마디로 정의하라고 하면, '대상이나 현상에 대해 민감해지는 것'이라고 말하고 싶다. 아직 발생하지 않는 일을 예측하고 그것에 자원을 투입하는 것은 상당한 위험 부담을 감수해야 한다. 그러나 이미 일어났거나 일어나고 있는 사건은 눈에 띄기 쉽다. 우리는 그것을 관찰하고, 해석하려고 노력만 하면 된다. 지식은 학습을 통해서 획득이 되지만 관찰을 통해서도 생성이 되기도 한다. '나 자신'과 '다른 사람', '사물이나 현상', '사례'를 관찰하면 정보와 지식은 물론 혁신의 요소를 발견할 수 있다.

자기를 관찰하라

자기 관찰이란 '내가 남이 되어 밖에서 나를 객관적으로 들여다보는 과정'이다. 자신의 일하는 과정에서의 말과 행동, 의사 결정하는 것들을 관찰하면 '나의 잘하는 것과 일하는 방식'을 찾아낼 수 있다.

일할 때 어떤 영역에 있어서 다른 사람에게는 어렵지만 자기는 너무 쉽게 하는 것이 있다. 그런데 정작 자신은 그것이 강점이라는 것을 잘 모르는 경우가 많다. 자신을 잘 관찰하여 자신만의 강점을 '일을 할 때'와 '지식을 획득하는데' 써야 한다. 또 하나는 내가 가진 지식을 들여다봐야 한다. 학습하였거나 자기도 모르는 사이에 생성된 무형적이고 암묵적인 지식을 찾아내야 한다. 어떤 과업을 수행하는 과정에서 나온 결과들을 지켜봄으로써 자신이 가진 지식을 찾을 수 있다.

사람마다 지식 획득의 세 가지 유형이 있는데, 스스로 어떤 유형인가를 파악하는 것이 중요하나. '듣는 유형인가?' '읽는 유형인가?' '말하는 유형인가?'에 따라 지식 획득 방법을 달리해야 한다.

- 듣는 유형은 많은 사람과의 대화를 통해 지식을 획득하는 유형이다. 서류나 책을 읽기보다는 직접 들어야 이해가 쉽고 편하게 생각하는 유형이다.

- 반면에 읽는 유형은 사람과의 대화나 듣기보다는 직접 보면서 지식을 획득하는 유형이다.

- 말하는 유형은 말을 하면서 지식이 정리되고 체계가 잡히는 유형이다. 가르치면서 정리가 되고 배우는 유형이다.

자기 관찰과 별개로 다른 사람에게 나의 진실(강점, 약점, 인성, 기질, 지식 등)을 말해 달라고 부탁해 보자. 그것을 토대로 자신이 어떤 것을 쉽게 하는지 어떤 유형인지를 찾을 수 있다. 그리고 그것을 중심으로 지식을 획득하는 방법을 개발하여야 한다.

다른 사람을 관찰하라

다른 사람의 말이나 행동, 상태 등을 관찰하여 지식을 얻을 수 있다. 얻고자 하는 영역이나 제목이 정해지면 다른 사람을 집중하고 반복해서 관찰해야 지식을 겨우 얻을 수 있다. 배울 대상을 정해 배울 목적을 가지고 의도적으로 관찰하는 방법 중 가장 대표적인 것이 '롤 모델 관찰하기'이다. 조직에는 어떤 영역에 제일 잘하는 도사가 반드시 한 명씩은 있다. 즉 배울 만한 모델이 있다. 그 모델이 어떻게 하는지를 보고 그대로 따라 하는 것이다. 필수적인 지식의 상당 부분이 다른 사람들의 이야기나 말, 그리고 일하는 것을 지켜봄으로써 배울 수 있다. 롤 모델을 통해 지식을 획득하려면 그와 함께 많은 시간을 보내야 한다.

반면에 롤 모델처럼 특정 대상은 아니나 일반적인 여러 대상을 관찰해서 정보나 지식을 획득하는 일도 있다. 《쇼핑의 과학》이라는 책에서는 매장에 입점하는 고객들의 움직임을 관찰하여 상품 및 서비스 구성의 지식을 획득하는 내용이 나온다.

지식은 지식을 가지고 있는 사람조차도 자기의 지식이 무엇인지를 잘 설명하거나 정리할 수 없고, 정작 지식을 필요로 하는 사람도 본인이 원하는 것을 잘 설명할 수가 없다. 그래서 관찰이 필요하다.

사물이나 현상 관찰

사람이든 조직이든 스스로의 활동을 통해 나름대로 신호를 보낸다. '사물의 관찰은 보이는 상태를 통해 정보를 획득하는 방법'이다. 일전에 어느 회사의 경영자를 찾아간 적이 있었다. 일정상 긴 시간을 이야기하지 못했지만 그가 읽는 책, 옷차림, 메모장, 사무실의 구조, 사무실 인테리어, 부서의 배치 상태, 보드에 쓰인 글자, 직원들의 움직임과 분위기 등등의 신호를 통해 상당 부분의 정보를 획득할 수 있었다.

'현상의 관찰이란 변화되고 있는 것을 관찰하는 것'이다. 무엇이 (어디서) 새로 생기거나, 무엇이(어디서) 늘어나거나, 무엇이(어디서) 줄 거나, 무엇이(어디서) 없어지거나, 무엇이(어디서) 반복되거나, 어떤 계층들이 반복되는 행동을 하거나, 어떤 세대들이 선호하는 행동 을 하거나 하는 등등의 특정한 행동이나 변화되는 현상을 중심으 로 정보를 획득한다. 현상의 관찰은 잘만 한다면 사물의 관찰보다 위력이 크고 혁신의 요소가 많다. 사물, 사건, 현상에 대해 민감해 져라. 특정한 행동이나 변화되고 있는 것들을 관찰하고 그 신호들 을 통해 정보를 획득하라.

'예기치 못한 성공과 실패' 사례의 관찰

사람이나 조직은 '예기치 못한 성공과 실패(이하 예성실)'를 계속 하고 있다. 그런데 대부분의 사람이 예성실을 인식하지 못한다. 몇몇 프로만이 그것을 캐치해 자신의 발전이나 조직의 혁신 도구 로 이용한다. 예성실은 피터 드러커 교수가 이야기한 혁신의 요 소 중에 가장 큰 요인 중의 하나다. 누구나 오랫동안 지속되어 온 것에 대한 신뢰와 믿음으로 인해 예기치 못한 성공은 무시되기가 쉽다. 성공한 사람들이 쓴 자서전을 보면, 우연한 발견으로 혁신 및 개선하는 사례가 자주 나온다. 이것은 우리가 사는 동안 '관찰해서 얻을 수 있는 정보와 지식이 혁신과 연결되는 도구가 된다는 것'을 의미한다.

중요한 것들을 그냥 지나치지 말고 항상 관심 있게 지켜볼 뿐 아니라 가까이 있는 배울 수 있는 롤 모델들을 통해 지식도 획득하고 문제도 해결하는 습관을 들이자.

POINT. 자기 자신, 다른 사람, 사물이나 현상, 예기치 못한 성공과 실패를 관찰하자.

05

현장을 떠나지 마라

물류 협력 업체를 바꾼 이후에 배송에 심각한 문제들이 발생하여 매장주들에게 클레임이 발생한 적이 있었다. 이런 일은 흔하게 발생한다. 통상 업체를 바꾸면 시스템을 세팅하는 데 시간이 걸린다. 그런데 시간이 지나도 문제가 해결될 기미가 보이지 않았다. 담당 직원에게 "현장에 가보았나요?"라고 묻는다. 예상대로 다음과 같은 대답이 나왔다. "아직 가보지 못했습니다." 그러니 문제의 원인이 파악이 안 되고 해결 대안이 안 나오는 것이었다. 문제가 생기면 제일 먼저 현장으로 가는 것이 기본이다.

현장을 가야 하는 이유

'왜 현장으로 내려가야만 하는가?' 그곳에 고객이 있기 때문이다. '왜 현장에서 배워야 하는가?' 그곳에 지식이 있기 때문이다.

현장에 가면 일하면서 막혔던 부분의 해답을 찾을 수 있다. 지식인이 되려면 현장에서 수년을 있어야 한다. 현장에 있지 않더라도 가급적이면 현장을 자주 체험하여야 한다. 현장에서 고객과 만나면서 둘러보고 고민하고 느껴보고 경험하는 시간이 절대적으로 많지 않으면 진짜 지식이 무엇인지를 가슴으로 깨달을 수 없다. 사무실에 있는 중력을 현장으로 옮겨야 한다.

현장 경험이 중요하다는 것은 현장에서의 고생을 통해 어려움을 극복해 본다는 것 이외에 '일하는 과정 중에 깨우침을 통해 해야 할 제목을 찾는다'는 의미가 더 크다. 성공한 경영자나 사업가 중에 혹독한 밑바닥 체험을 안 한 사람은 이 세상에서 아무도 없다. 자기의 비즈니스 영역에서 막연하게나마 어떤 것이 중요한지 개념적으로 알고 있다. '아는 것'과 '깨닫는 것'은 하늘과 땅 차이다.

현장에서 무엇을 얻으려고 하는지를 명확히 하라

현장에서 지식을 획득하려면 내가 '현장에서 얻으려고 하는 것이 무엇인지'를 명확히 해야 한다. 그러나 처음에는 무엇을 얻기 위해 현장에 가야 하는지를 정리하는 것조차 어렵다. 먼저 잘 정리하고 가면 좋겠지만 그렇지 않더라도 부딪혀 보면서 해결할 제목과 지식을 찾을 수 있다. 깨달음에는 시간이 필요하다. 여러 방법을 통해 지식을 체득하고 해결 과제를 고민하는 사람에게는 '힌트'만 주어도 문제를 쉽게 해결할 수 있다. 현장에서 고민하지 않는 사람들에게는 아무리 좋은 지식이 있어도 그것이 지식인지를 모른다. 현장 경험이 중요하다고 하는데 어떻게 경험을 하여야 할까? 현장에서 무엇을 어떻게 할 것인지에 대해 알아보자.

첫째, 현장에서 제목 찾기.

현장에서 제목을 찾기 위해서는 '나의 현장과 고객을 정의하는 것'이 먼저이다.

나의 현장은 어디인가? '고객에게 도움을 주기 위해 일이 벌어지고 있는 곳'이다. 그렇다면 나의 고객은 누구인가? '나에게 수익이나 필요를 공급해 주는 사람'이다. 나의 고객을 어떻게 정의하느냐에 따라 나의 현장은 달라질 수 있다. 나의 고객은 하나가 아니고 두 종류 이상이며 여럿일 수도 있다. 나의 고객이 누구인지를 알 수 있는 방법은 다음과 같은 질문을 해보면 된다.

- **그들이 없다면 나는 어떻게 될까?**

- **그들은 지금뿐만 아니라 앞으로도 내가 제공하는 서비스를 이용할까?**

나의 현장과 고객이 정의되었다면 '집중하여야 할 제목'을 찾는다.

제목을 찾는 것은 정말 어렵다. 제목만 제대로 찾는다면 문제의 반은 이미 해결할 것이다. 현장은 우리가 집중해야 할 제목을 찾게 해 준다. 일정 시간을 내서 현장에서 직접 일을 해 보거나 고객 관점에서 행동(고객이 되어 구매하는 자신을 관찰)해 보거나 고객을 직접 만나서 이야기를 듣고 관찰하는 과정에서 제목이 찾아진다. 그리고 찾아진 제목은 다음과 같은 질문을 통해 검증할 수 있다.

- **근본적인 병목을 해결하는 제목인가?**

- **고객이 반복해서 드러내는 불만을 해결하는 제목인가?**

여러 제목 간에 '서로 연결된 구조'를 이해하여야 한다.

현장에서 근무하다 보면 여러 제목이 발견된다. 큰 성과를 내려면 그 발견된 제목들의 상관관계를 들여다보고 관련된 것끼리 모아 구조화(構造化)해서 더 큰 제목으로 조직화(組織化)하여야 한다. 이것이 모든 제목이 엮어지는 '루트 코스(Roots Cause, 문제의 뿌리가 되는 근본적인 원인, 해결하였을 때 근본적 결과물을 도출할 수 있는 것)'다. 이해하기 쉽게 설명하면 고구마 줄기를 생각하면 된다. 고구마 줄기를 당기면 전체가 끌려 나오는 것처럼 말이다. 루트 코스를 찾는 방법은 현장에서 발견된 제목을 리스트업하고 비슷한 제목끼리 서로 분류하고 크기순으로 배열한 다음 가장 큰 성과에 기여하는 핵심 지식의 덩어리를 찾으면 된다. 이 방법은 부문 최적화(部門最適化, 전체적으로 성과가 안 나고 부분적으로만 품질이 올라가거나 약간의 성과가 나는 것)에 빠지는 것을 방지할 수 있다.

둘째, 한 가지 주제를 정해 집중해서 해결하기

제목을 발견하고 조직화해서 루트 코스를 찾았다면 그중에서 하나를 선택해 집중해야 한다. 성과가 많이 낼 것을 건드리라고 하면 여러 제목을 건드리거나 범위가 넓은 것을 건드리는 것으로 오해할 수 있으나, 오히려 범위를 좁히고 집중할수록 성과가 커진다. 문제를 해결할 때는 팀으로 움직여야 한다. 조직에서 혼자서 할 수 있는 것은 하나도 없다. 문제를 해결하는 데 있어 팀이 최적(조직 목표를 달성하는 데 부족 역량이 팀의 구성원들에 의해 메꾸어지는 상태)으로 조직화되었는지를 점검하는 것이 성공의 핵심이다.

'현장에서 배우기'를 한마디로 정의하라면, "고객이 원하는 근본적인 것을 현장에서 찾는 과정이며 최초 가정과의 차이를 확인하는 과정이다."라고 할 수 있다. 책상에만 갇혀 있지 말고 고객이 있는 현장으로 직접 내려가 해야 할 제목을 찾고, 그중에서 중요한 제목을 하나씩 해결하자. 문제 해결 후에는 피드백을 통해 최초 의도한 것에 대해 무엇이 이루어졌고 안 이루어졌는지, 무엇 때문에 성공했고 실패했는지, 그래서 앞으로 무엇을 어떻게 하여야 하는지를 확인하자.

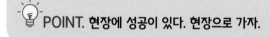

POINT. 현장에 성공이 있다. 현장으로 가자.

06

스승에게서 배우기

오래전에 브랜드 팀장급의 초급 경영자들에게 "당신의 상사는 어떻게 성과를 냅니까?"라는 질문을 한 적이 있다. 그 답을 들으면서 '경영의 묘미'를 느낄 수 있었는데, 그 이유는 질문에 대한 답이 아래와 같이 제각각이었기 때문이다.

'나와야 할 결과물을 정하고 기준을 높여 집요하게 관리하는 유형', '핵심적인 큰 제목을 붙잡고 단순화하면서 자원의 지원을 집중하여 신속히 성과를 내고 확산하는 유형', '보아야 할 숫자와 현장을 놓치지 않는 유형', '사람을 세워 그들을 동기 부여하여 성과를 내는 유형', '맡은 비즈니스의 큰 그림을 중심으로 하여야 할 일을 정리하고 우선순위에 의해 단계별로 하나씩 해결해 나가는 유형', '중요한 질문을 통해 그들이 고민하고 스스로 움직이게 하는 유형', '성과가 날 조그마한 모델을 정해 현장에서 진두지휘하여 성공 모델을 만드는 유형' 등 리더십에 따라 비즈니스를 풀어나가는 방식에는 정도(正道)가 없다는 것을 다시 한번 깨달았다.

스승에게 배울 수 있는 것이 있다면 모든 것을 배워야 한다. 전문 지식은 물론 전략적으로 어떻게 의사 결정을 하는지, 어떻게 관계를 맺고 사람 관리를 하는지 등 모든 것이 해당한다. 때로는 스승의 실패와 약점을 통해서도 배울 수 있다.

'빨리 배우는 방법'을 터득하라

스승을 통해 빨리 배우는 방법을 정리해 보았다.

첫째는 '기록'이다.

처음에는 무조건 스승이 이야기하는 것을 다 기록해야 한다. 핵심만 정리하려고 해서는 안 된다. 모든 지식에는 맥락이 있는데 핵심만 적을 경우 큰 그림과 흐름을 놓칠 수 있다. 오래전에 경영자분이 컨설팅 내용을 서로 나누는 것을 옆에서 본 적이 있었는데 이해한 수준이 제각각이었다. 난도가 있을수록 이해하는 것이 쉽지 않다. 그래서 내용을 그대로 다 기록하고 나서 뜻을 이해하고 핵심을 추출한 다음 무엇을 하여야 할지 방향을 결정하는 시간이 꼭 필요하다.

둘째는 '사례를 중심으로 이해하는 방법'이다.

하버드 MBA에서 주로 많이 쓰는 방법이다. 스승의 일하는 방법이나 성과를 낸 사례 중에 관점을 가지고 성공 요인과 교훈 등을 도출해 지식으로 정리한다. 그렇게 하기 위해서는 상사가 어떻게 성과를 내는지를 잘 지켜보아야 한다. 사례를 중심으로 분해하는 방법 중에 2W(WHAT, WHY) 1H(HOW)에 의해 정리하면 효과적이다.

셋째는 '도제 학습'이다.

도제란 '스승의 밑에 들어가 모든 것을 단계를 밟아 하나씩 배워 나가는 것'을 말한다(스승의 밑에 들어갈 수 없다면 상당 기간을 같이하거나 중요한 상황에 함께하여야 한다). 여기서 스승이란 '나에게 배움을 제공해 줄 수 있는 모델'이다. 왜 사람에게서 상당 기간을 직접 배워야만 하는가? 지식은 암묵적(暗黙的)으로 가지고 있어 사람의 머릿속에 있는 지식을 단기간에 드러내거나 명확하게 설명하는 것에는 한계가 있기 때문이다.

내가 배워야 할 영역에서 누가 모델인지를 알아보자. 그리고 그들에게 찾아가자. '배울 수는 있지만 가르칠 수는 없다'라는 말처럼 배우는 사람이 주도적으로 나서야 하는 이유는 동기가 없는 사람에게는 아무리 쏟아부어도 성장을 시키는 데는 한계가 있다. '도제 학습'을 통해 지식을 빨리 획득하는 방법은 잘 물어보고 많은 대화를 나누는 것이다. 실제로 아무것도 모르면 무엇을 물어보아야 하는지도 모른다. 좋은 질문을 하려면 엄청난 묵상과 고민이 필요하다.

배우려는 사람이 가져야 할 태도는 스승을 능가할 수 있다는 자신감이다. 그러면서도 자존심을 버려야 한다. 스승과 같이 있는 과정에 자기의 부족한 점이 계속 노출되어 지적과 보완을 끊임없이 요구받는다. 이것을 수용할 수 있어야 한다. 항상 나에게 주어지는 지식과 가르침에 감사하는 마음만 가진다면 당신은 계속 성장할 수 있고 좋은 스승으로 우뚝 설 수 있다. 반대로 당신이 제자가 아닌 스승의 위치에 있는가? 그들의 관점에서 잘 성장할 수 있도록 시간을 내고 잘 전달할 수 있는 지식을 획득해 후배들을 제대로 양성하기를 바란다.

POINT. 항상 물어볼 수 있는 스승을 만들자!

07

잘 물어보기

필자가 일과 관련해 자주 조언을 받는 분이 있는데, 그분은 일을 구체적으로 어떻게 하라고 이야기한 적이 없었다. 그 대신 질문을 한다. "진짜 문제가 무엇인지?", "그 문제가 발생한 원인은 무엇인지?", "왜 그 일을 하는지?", "하고자 하는 일이 정말 옳은 일인지?", "그 일을 어떻게 할 것인지?", "그렇게만 하면 그 일이 정말 이루어지는지?", "더 좋은 방법은 없는지?", "그것이 되고 있다는 것을 어떻게 알 수 있는지?", "그 일이 이루어지면 그다음에 무엇을 할 것인지?" 등의 근본적인 질문을 던져서 필자를 생각하게 만들고 그 과정에서 해야 할 일과 방향을 스스로 정리하도록 한다.

왜 질문해야 하는가?

일전에 외식사업부 책임자로 있을 때 애슐리라는 외식 브랜드를 직접 론칭했었는데, 처음부터 브랜드를 이용할 주요 고객들에게 그들이 원하는 것이 무엇인지를 묻지 않고 외부 전문가들의 지식을 빌어 론칭을 했다가 실패를 경험했다. 재론칭을 하는 과정에서 고객들에게 잘 물어보아 성공할 수 있었지만, 처음부터 고객들에게 잘 물어보았더라면 많은 자원을 낭비하지 않았을 것이다.

'질문을 한다는 것은 무엇을 얻기 위한 것'이다. 잘 질문하면 본인은 물론 상대에게도 성장의 기회를 준다. 질문의 내용을 보면 그 사람의 이해도와 얼마만큼 와 있는지를 단번에 알 수 있다. 업무에 대한 이해와 학습이 되면 될수록 물어볼 것이 많아지고 깊이가 있다.

업무를 하면서 질문하였던 것을 아래와 같이 얻고자 하는 목적에 따라 유형별로 분류해 보았다.

110

부하가 상사나 전문가에게 물어보는 질문으로는

■ '단순한 지식이나 정보를 획득하거나 필요를 파악하기 위한 질 문'으로 지식이나 정보, 상대방의 필요를 알기 위해 직설적으로 물어보는 질문이다. 단순한 질문이지만 상황에 따라 큰 도움이 된다.

■ '머릿속의 중요한 지식을 끄집어내기 위한 질문'으로 무의식중 에 형성된, 머릿속에 있는 지식을 끌어내기 위한 것으로 질문할 내용을 사전에 정리하여야 한다.

■ '해야 하는 일의 제목이 맞는지를 확인하는 질문'으로 업무를 최 초에 하기 전에 해야 할 제목을 고민하고 합의하여야 한다.

■ '일을 어떻게 할 것인지의 자기 계획을 점검하는 질문'으로 합의 된 제목의 하우와 관련해 상대가 생각하는 방향과 내가 생각하 는 방향을 일치시킨다.

상사가 부하에게 하는 질문으로는

■ '업무 진척도나 수준을 파악하는 질문'으로 직관적인 질문을 통 해 업무의 방향을 제대로 잡고 자극을 주어 행동을 유발시킨다.

■ '사실을 확인하는 질문으로 진실을 파악하기 위한 질문'으로 때 로는 아는 것처럼 질문해야 답변자가 과장을 할 수 없다.

■ '상대방의 깨달음을 유도하는 질문'으로 질문하는 사람이 답을 알고 있지만 비유적으로 질문한다. 질문을 만드는 시간이 많이 들지만, 질문하는 사람이나 받는 사람이나 생각하게 하고 정리하게 한다.

좋은 질문이란?

가장 좋은 질문은 '생각을 하게끔 하는 질문'이다. 생각을 하게 하는 질문은 깨달음으로 연결될 수 있는 질문이다. '생각을 하게 하는 질문은 지식을 한 단계 뛰어넘게 하는 유익'이 있다. 생각하게 하는 질문은 즉각 답을 할 수 없을 정도로 어렵고 사람을 당황하게 만든다. 자기 정리가 안 되어 있고 일정 수준에 올라와 있지 않으면 제대로 된 답을 할 수 없다. 정말 좋은 질문은 준비가 안 된 사람들에게는 진땀을 흘리게 할 정도다.

두 번째로 좋은 질문은 최초 얻고자 하는 것이 충족되었는지를 알 수 있는 질문이다. 어떤 일을 계획하고 진행했을 때 처음에 그 의도했던 것이 성취되었는지를 알려면 어떻게 질문하여야 할까? 원래 얻고자 하는 것이 이루어졌는지를 놓치지 않으려면 '원래 이루고지 했던 것이 무엇인지'를 분명히 알아야 한다.

부분에 집중하다 보면 '최초에 얻고자 했던 것'이 이루어졌는지를 놓치는 경우가 많다.

이렇게 '부분에 집중하는 질문'은 그 질문을 받는 사람조차도 본인이 근본적으로 생각했던 것을 놓치고 질문에 국한해서 사고하는 오류에 빠지게 한다. 그러므로 "우리가 지금 하고자 하는 일을 다하면 우리가 원래 하고자 했던 것이 다 이루어질까?"라는 질문을 계속해야 한다. 만약 직관적으로 얻고자 하는 목적을 달성하지 못할 것이라는 생각이 든다면 처음으로 돌아가 제목과 하우를 다시 들여다보아야 한다.

좋은 질문을 하려면?

기업의 책임자들을 만나서 컨설팅하다 보면 궁금한 것을 물어보기보다는 자기들이 하고 싶은 것을 해결해 주었으면 하고 부탁하는 것이 많다. 고객이 원하는 것을 돕는 것이 맞긴 하지만 때로는 그 제목들이 우선순위가 아닌 경우도 있다. '좋은 질문을 하는 것이 왜 어려운가?' 질문은 고민이 시작되고 어느 정도 해야 할 것이 정리된 때부터 나온다. 아무 고민도 없고, 업무에 대한 이해가 되지 않은 상태에서는 질문조차 하기가 쉽지 않다. 잘 질문하려면 자기가 배운 것을 소화해서 숙성(깨달음)의 과정을 거친 이후에 정리된 것을 물어보아야 한다.

질문을 통해 얻고자 하는 것을 얻으려면 목적에 맞는 질문을 만드는 과정이 필요하다. 업무나 상황에 대한 완전한 이해를 전제로 질문을 만드는 시간을 별도로 내야 한다. 잘 모르면 잘 질문할 수 없다. 특히 직급이 낮은 직원들에게 '묻고 행할 것'을 계속 요구하지만, 그들이 질문을 못 하는 이유는 무엇을 물어보아야 할지를 모르기 때문이다. 내가 물어보려면 묻기 전에 사전에 생각하여야 할 관점들이 있다. 아무 생각 없이 던지는 질문은 나의 수준을 그대도 보여 주고 때로는 상대를 당황하게 만들며 도움이 전혀 되지 않는다.

일하는 과정에 꼭 필요한 질문 2가지

직장인들이 일하는 과정에 놓치고 있는 큰 실수는 '자기가 하고자 하는 일의 방향'과 '그 일을 어떻게 하겠다는 것'을 상사(관련된 사람)와 사전에 정확하게 합의를 하지 않는 것이다. "제가 하려고 하는 일이 이런 것들인데 하는 것이 맞습니까?"라고 일의 우선순위와 제목의 적정성을 합의하는 질문을 하여야 한다. 또는 "제가 이 일에 대해서 이런 방향으로 풀어 나가려고 하는데 이것이 맞습니까?"라고 자신의 전략과 아이디어, 프로세스가 맞는지를 물어보아야 한다. 이 질문 두 개만 잊지 않고 실행하여도 큰 성과를 낼 수 있다. 그래노 살 실문하는 방법을 체득하기가 어렵다면 주위에서 질문을 잘하는 사람을 관찰하거나 그에게서 직접 방법을 배우는 것이 좋을 것 같다. 좋은 질문들이 발견되는

대로 기록해 놓고 보관해야 한다.

　사람들에게 잘 물어본다는 것은 '답을 얻는 것 이외에도 고객
관점에서 상대를 배려한다'는 뜻도 있다. 상대에게 물어보는 것
자체가 나를 낮추고 상대에 대해 조언을 듣는 것이기에 업무를
할 때 상대방의 적극적인 지원을 받을 수 있다. 직원들이 주도적
으로 일을 하다 보면 물어보지 않고 일을 해 자원을 낭비해 버리
는 사례를 심심치 않게 볼 수 있다. 질문만 잘해도 우리가 목적하
는 것을 상당 부분 얻을 수 있다. 좋은 질문에는 상당 부분 답이
있다.

POINT. 좋은 질문은 답을 얻을 수 있게 해준다. 좋은 질문을
만들려면 별도 시간을 내어 묵상해야 한다.

08

외부에서 배우기
- 벤치마킹(Benchmarking)

"당신은 스스로 잘하고 있다고 생각하는데, 왜 더 좋은 결과를 내지 못하는가?"라는 질문에 무엇이라고 답하겠는가? 이 질문에 대한 대답이 이번에 다루고자 하는 '벤치마킹'이다. 벤치마킹이란 '오랫동안 내부에 있으면 빠지기 쉬운 오류에서 벗어나기 위해 시선을 나 자신이나 우리가 아닌 외부로 돌리는 것'을 말한다. 또는 '나와 관련된 영역에서 가장 잘하는 대상이나, 관련이 없는 영역이지만 가져다 쓸 수 있는 최고의 대상이 있을 경우 노하우를 적용하는 과정'이다. 벤치마킹은 카피와 다르다. 카피는 '그 대상과 같아지는 것'이다. '벤치마킹은 대상을 뛰어넘는 것'이다.

왜 벤치마킹을 해야 하는가?

벤치마킹을 해야 하는 이유는 최고가 되기 위해서다. 최고의 것을 가져다 최선을 다해 쓰는 과정 없이 최고란 있을 수 없다. 왜냐하면 모방에 새로운 지식을 더해 창조하는 과정이 있어야만 최고가 될 수 있다. 만약 최고라 하더라도 어떤 영역에서는 부족한 부분이나 막혀 있는 부분이 반드시 있다. 부족한 부분은 벤치마킹을 통해 채워야 한다. 또한, 벤치마킹은 시간을 줄여 준다. 부족한 부분들을 외부의 지식의 도움이 없이 획득하기 위해서는 시간이 오래 걸릴 수밖에 없다.

어떻게 벤치마킹을 해야 하는가?

벤치마킹은 대상을 잘 정해야 한다. 무엇을 벤치마킹할 것인지를 명확히 하고 그것이 어디에 있는지를 찾아야 한다. '우수한 회사', '우수한 영역', '우수한 사람', '우수한 사례'를 찾아 나서야 한다. 그러고서 아주 낱낱이 파헤쳐야 한다. 자기의 영역이 아닌

117

곳에서의 벤치마킹이 더 효과적일 수 있다. 피터 드러커 교수는 자기 분야와 다른 영역에서의 학습과 연구를 통해 그의 지식의 체계를 완성할 수 있었다.

벤치마킹의 순서는

첫째로 '제목 정하기'이다.

얻고자 할 제목을 잘 정해야 한다. 제목을 잘 정하려면 먼저 가지고 있는 것이 무엇인지를 제대로 파악하고 배워야 할 영역이 무엇인지를 찾아야 한다.

둘째로 '대상 정하기'이다.

벤치마킹할 대상을 정한다. 이것이 제일 어렵다. 벤치마킹 대상은 조직의 프로젝트 제목이나 해결 과제 등 시점, 상황에 따라 바뀔 수 있다. 알고자 하는 영역의 범위에 따라 벤치마킹의 대상은 그 전체가 해당될 수도 있고, 일부일 수도 있다. 해당 업종이나 영역에서 시장을 통해 노출되고 검증된 곳(것)이 벤치마킹 대상이다. 또한, 벤치마킹 대상은 동종 업계가 아닌 경우가 더 위력적일 수 있다.

셋째, '정보 획득하기'이다.

벤치마킹 대상의 데이터와 정보를 수집한다. 벤치마킹 대상

기업과 관련이 있는 사람(직원, 거래선, 고객)과 장소에서 모든 방법, 즉 방문, 관찰, 직접 이용, 질문, 조사, 청취, 측정 등을 사용해 데이터와 정보를 획득해야 한다. 이 과정은 일부분을 보고 전체를 판단하지 않기 위한 작업이다. 코끼리 다리를 만지면서 그것이 코끼리의 전부인 것처럼 착각하지 않기 위해서는 다양한 경로를 통해 정보를 모으고, 항목별로 분류해서 정보의 수준을 높여야 한다.

넷째, '갭을 발견하고 적용할 영역 정하기'이다.

벤치마킹 대상에 대한 정보를 획득하였다면 나(우리)와의 갭을 찾아야 한다. 내(우리)가 잘하는 것과 못하는 것, 잘하는 이유와 못하는 이유, 상대가 잘하는 것과 못하는 것, 상대가 잘하는 이유와 못하는 이유를 찾아 무엇을 적용하고 버릴 것인지를 결정해야 한다. 즉 도움이 되는 것과 도움이 되지 않는 것을 분리해 내는 작업을 하는 것이다.

다섯째, '실행을 위해 조직화하기'이다.

적용하기 위해 조직화하는 단계다. 획득한 정보를 분해해 핵심 개념을 정리한다. 그리고 정리된 핵심 개념을 중심으로 적용할 타겟을 정해 누가 그것을 할 것인지를 정하는 과정이다. 세부 제목별로 그 일을 가장 잘할 만한 사람에게 역할을 나누어 준다.

제목을 잘 수행할 수 있는 사람에게 제대로 부여하는 것이 경영자가 해야 할 역할이다. 여기서 경영자의 역량이 드러나게 되어 있다.

벤치마킹 사례

필자가 외식사업본부장으로 있을 때 레스토랑을 론칭한 사례를 소개한다.

■ 제목 정하기.

유통점의 식당가는 고객들이 원하는 브랜드와 메뉴로 구성해야 성공할 수 있다. 그중에서도 빠지면 안 되는 것이 레스토랑이다. 그런데 당시에는 A급 레스토랑은 단독 숍이 아닌 경우에는 유통점에 입점하지 않았다. 그래서 자체 레스토랑을 론칭할 수밖에 없었다. '패밀리 레스토랑 직접 론칭하기'라는 제목을 정했다.

■ 대상 정하기.

레스토랑 론칭을 위해 벤치마킹 대상을 정해야 했다. 우리가 가진 것이 무엇이고 없는 것이 무엇인지를 정리해 보았다. 패스트푸드는 해 보았기 때문에 속도가 요구되는 셀프 서비스식 식당은 자신이 있었다. 반면 풀 서비스 역량은 부족했고, 외식 사업의 핵심인 메뉴 구성은 중간 정도였다. 유통점 고객들에게 어떤 종류의 레스토랑이면 이용하겠는지 물어보았다. 대부분의 대답이 "웰빙 샐러드를 싼 가격에 뷔페식으로 마음 껏 이용할 수 있었으면 좋겠다."라고 했다. 미국, 유럽에서 유명한 뷔페 형태의 레스토랑을 벤치마킹 대상으로 정했다.

■ 정보 획득하기.

팀을 구성해 직접 미국과 이탈리아 등 현지에 가서 벤치마킹 대상 업체를 여러 차례 방문해 맛을 보고 고객 반응도 들으며 조사하였다. 물론 관련된 자료들도 여러 루트를 통해 획득하였다.

■ 갭을 발견하고 적용할 영역 정하기.

벤치마킹 대상의 기존 포트폴리오를 적용하되 한국인의 입맛을 고려한 아이템이 보강되어야 할 필요를 발견했고, 가격은 합리적인 조건으로 제공할 수 있는 역량이 있었기 때문에 적용하는 데 문제가 없었다. 인테리어나 매장 분위기는 훨씬 멋있게 꾸밀 수 있었다. 홀이나 식당의 레이아웃이나 설비, 집기는 시스템을 갖추고 있지 않아서 국내 업체 중에 배울 만한 곳을 정해 많은 부분을 적용하고자 했다.

■ 실행이 되도록 조직화하기.

무엇을 할 것인지 정리가 되자 그것을 할 수 있는 사람을 찾았다. 사업에 필요한 영역 중 내부에서 할 수 있는 경우와 할 수 없는 경우를 분류해서, 할 수 없는 경우에는 외부 인력을 영입하거나 지식을 획득할 방법을 찾아 론칭하였다. 그래서 탄생한 것이 '애슐리'라는 샐러드바 레스토랑이다.

이미 시장에 더 나은 지식이 있는데 그것을 모르고 오랫동안 내부에서만 고생하며 준비하다가 뒤늦게 그 사실을 알게 된다면 거기서 오는 허탈감은 엄청 클 것이다. 실제로 필자도 이와 같은 경험을 여러 번 했던 적이 있다. 나와 내가 속한 조직은 무엇을 벤치마킹하여야 할까? 벤치마킹 제목과 대상을 정해 벤치마킹하고 어떤 영역에서 레벨 업 되는 경험을 맛보자. 어떻게 적용할지는 각자의 몫이다.

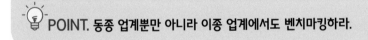

POINT. 동종 업계뿐만 아니라 이종 업계에서도 벤치마킹하라.

09

잘 기록하기

　이번에 살펴볼 것은 '잘 기록하기'다. 요즈음 회사에서 직원 대상 강의를 하다 보면 머리가 좋고 젊은 직원일수록 잘 적지 않는다. 선배들이 획득했던, 돈으로 살 수 없는 노하우를 전달해 주는데 적지 않는다는 것은 이해가 되지 않는다. 서구에서는 있을 수도 없는 일이다. 듣기만 하고 기록을 안 하면 다음 날 반이 기억에서 사라지고 이틀 후에는 90%가 사라진다. 그러나 들은 것을 정리하면 반이 남고 재정리하면서 구조하면 90%가 기억에 남는 다고 한다. 성과를 내려면 머릿속에 많은 패턴이 있어야 하는데 선배들의 노하우를 잘 기록해 두면 자기가 직접 경험을 하지 않아도 되기 때문에 시간을 단축할 수 있다.

메모는 즉시성을, 기록은 연속성을 가지고 사실에 기반하여 시간을 두고 적어 나간다. 좋은 음식점을 적어 놓은 것은 메모이지만 배우려는 의도로 방문해서 느낀 점과 음식 맛을 적고 그 정보들을 모아 놓으면 맛집 기행의 기록이 될 수 있다.

왜 기록을 왜 해야 하는가?

기록을 하는 이유는 남기고 쓰기 위해서다. 경험과 학습의 패턴은 각각 내용들이 다르다. 다양한 경험과 패턴을 기록하다 보면 쓸 수 있는 데이터와 정보가 모여진다. 기록을 하다 보면 기억력이 떨어지기도 하지만, 적은 후 다른 일을 할 수 있기 때문에 집중력이 늘어난다고 말하는 사람도 있다. 쓰일 기록이 아니면 기록으로서의 가치가 없다. 쓰이는 기록이 되기 위해 아래의 3단계를 적용해 보자.

첫 번째 단계: 사실을 그대로 옮겨 적기.

사실을 있는 그대로 기록한다. 스승이 말하는 것, 회의 중에 논

의되는 것, 사건이나 실험 내용, 자신이 일하는 과정, 관찰한 대상의 변화를 주체별로 다 기록한다. 잘 모르면서 핵심만 정리하는 것은 안 된다. 모든 지식에는 맥락과 진정성이 있는데 핵심만 적을 경우 큰 그림과 흐름을 놓칠 수 있다. 이는 아는 만큼만 받아들일 수 있기 때문이다. 난도가 있는 영역일수록 본질을 이해하는 것이 쉽지 않다. 또한, 사람들은 자기가 강하고 관심이 있는 영역에 더 민감하게 반응하고 그렇지 않은 것에는 지나쳐 버리는 성향이 있다. 같은 상황에서 여러 사람이 동시에 기록을 하더라도 이해하는 것이 달라 내용이 서로 다른 것을 확인할 수 있다. 그래서 직접 가감 없이 그대로 적는 것이 중요하다.

두 번째 단계: 한마디로 정리하고 해야 할 제목 정하기.

기록한 내용의 핵심을 요약하고 한마디로 정리한다. 말한 내용들 중에서 비슷하거나 연결이 되는 것들을 모아 맥락을 찾거나 함축적인 의미가 무엇인지 고민을 거듭하면 한마디로 잘 정리할 수 있는 수준에 이를 수 있다. 한마디로 잘 정리해 두면 의사소통을 하는 데 도움을 주는 것은 물론 기록한 것을 내용별로 분류 및 체계화하는 데 유용하다.

세 번째 단계: 잘 분류하기.

잘 쓸 수 있도록 분류하여 뱅크(Bank, 저장 은행)을 만들고 필요할 때마다 꺼내 써야 한다. 잘 분류하려면 일단 카테고리를 잘 정해야 한다. 제목별 크기에 따라 분류표(대분류, 중분류, 소분류)를 만들고 기록된 내용들을 여기에 보관한다. 한마디로 정의한 것을 내용과 함께 분류된 카테고리에 집어넣으면 훌륭한 뱅크가 된다.

기록을 잘하려면?

첫째, '기록을 잘하도록 돕는 도구'가 있어야 한다.

잘 기록하려면 기록 도구를 항상 옆에 두어야 한다. 가장 좋은 도구는 내비게이터 바인더와 삼색 볼펜이다. 내비게이터 바인더에 영역별 기록을 하고 일정 시간이 지난 후에 주제별로 분류하면 활용하는 데 매우 유용하다. 삼색 볼펜은 중요하거나 놓쳐서는 안 되는 것이나 정의된 한 단어를 색깔로 표시를 해두면 관점을 되살리거나 우선순위를 정하는 데 유용하다. 노트북을 많이 사용하기도 하는데, 잘 찾을 수 있고 잘 분류할 수 있는 부분에 있어서 직접 쓰거나 표시하는 것 이상의 속도와 관리 능력을 갖추고 있다면 어느 도구를 사용하든지 상관없다. 요즈음은 시간관리 어플도 많이 나와 있어 좋은 것을 선택해 사용해도 좋을 것 같다. 그래도 직접 손으로 기록하고 분석하는 것을 따라갈 수 있을까 싶다.

둘째, '자기 과업 수행에 필요한 도구'를 가지고 있어야 한다.

공통적으로 사용할 수 있는 기록 도구 이외에 과업에 따라 사용되는 도구가 달라질 수 있다. 예를 들면, 상권 개척을 하는 사람은 상권 확보에 도움이 되는 요소를 기록할 수 있는 상권 노트 등을 준비해야 한다. 자기 과업을 잘할 수 있도록 돕는 도구가 무엇인지 고민해 보고 가장 최상의 것을 준비하자.

셋째, '기록을 습관화' 해야 한다

도구들을 항상 옆에 두고 2~3일 동안 반복해서 기록해 보는 것이다. 기록을 습관화하는 방법의 하나로 시간을 기록해 보는 것을 추천한다. 시간 기록과 관련해서는 앞에서도 예를 든 류비세프와 피터드러커 교수의 방법을 다시 반복해도 지나침이 없다. 구소련에서 활동한 '류비 세프'라는 과학자는 자신의 활동을 기록하면서 시간을 관리했는데 그 성과는 정말 놀랄 만하다. 《시간을 지배한 사나이》라는 유명한 그의 저서에서 그 놀라운 성과를 확인해 볼 수 있다. 피터 드러커 교수도 일과를 한 시간 단위로 기록하고 일정 시점(6개월 단위로 2주간 기록)의 기록 자료를 통해 자신이 시간을 어디에 어떻게 썼는지 피드백하는 것만으로도 과업을 제대로 수행했는지 알 수 있고 그것은 놀라운 생산성으로 이어진다고 주장하였다. 시간 기록을 통해 기록하는 것을 습관화하자.

성공과 실패 사례를 기록으로 남기면 시행착오를 줄일 수 있다. 그런데 이러한 실패 사례가 잘 정리되어 전수되지 않아 관리자와 경영자급에서 적게는 몇백 만 원에서 많게는 몇백 억 원 이상의 재무적인 실수들을 반복한다. 잘 기록하고 잘 적는 습관을 갖추어 지식의 수준을 높이고 꼭 해야 할 일을 놓치는 큰 실수를 하지 않기를 바란다.

POINT. 도구를 가지고 기록하는 습관을 가지자. 그리고 기록된 것으로 정기적으로 정리하고 분류하자.

10

나는 정보를 제대로 다루고 있는가?

최근에 나는 나의 정보 획득 방식에 문제가 있음을 인식하는 경험을 하였다. 최근에 어떤 프로젝트를 시작하게 되었는데, 관련 지식이 너무 부족해 도움이 될 만한 동영상을 찾아 내용을 받아 적고, 확인하는 절차를 거쳤다. 그런데 전체 내용 중에 기록이 된 것은 대략 30%가 안 되고, 그나마 기록된 내용은 내가 평상시 접했던 정보와 유사한 내용이었다. 심지어는 언제 그런 것이 있었는지 싶을 정도로 처음 듣는 내용이 많았는데, 두세 번을 더 들고 나서야 내용을 온전하게 정리할 수 있었다. 또 하나는 신문 스크랩 과정의 경험이다. 나는 정보를 주로 인터넷보다는 신문을 통해서 접하고 있는데, 필요한 자료는 그때그때 스크랩을 한다. 많은 일간지 중에서 내가 고정적으로 선호하는 신문은 2개뿐이다. 최근에 그동안 스크랩한 내용을 다시 보는 시간을 가졌는데 내가 생각하는 관점을 확실시할 수 있는 자료들이 많았고, 주제가 너무 한정적이었다.

정보는 일단은 다 받아들이는 자세가 필요하다

왜 이런 상황이 벌어질까? 그것이 '인지적 편향' 때문이라는 것을 알게 되었다. 일반적으로 사람들은 자신에게 들어오는 정보를 과거의 정보와 비교하고 익숙한 정보일 때는 받아들이고 새로운 정보는 무시한다고 한다. 즉 무의식적으로 자신의 기대를 지지하는 자료를 받아들이고 그렇지 않은 것은 버린다는 것이다. 이런 식으로 정보를 접하면 인식의 범위가 점점 제한되어 고정된 시각을 더욱 강화하게 된다.

사람들이 '보고 싶은 것만 보고 듣고 싶은 것만 듣는 이유'는 바로 인지적 편향 때문이다. 이러한 편향성이 나타나는 이유는 성장하면서 자주 접했던 공동체 사람들에게 받은 영향이나 반복적인 경험, 자의든 타의든 지속해 접했던 정보들이 쌓여 그 후에 개인의 정보를 획득하는 성향으로 자리를 잡았기 때문이다. 이러한 개인의 정보 성향은 일을 하거나 소통할 때 자신의 의견을 지지해 줄 전문가나 서포터, 또는 자료들을 통해 의도된 방향으로 자기의 생각을 합리화하는 오류에 빠질 수 있다. 그러니 우리는 정보를 전혀 다른 방식으로 획득하는 태도가 필요하다.

정보는 필터링을 하여야 한다

정보는 상당 부분 다른 관점의 자료들을 충분히 모으고 분류한 후 분석 및 해석하는 과정을 반드시 거쳐야 한다. 정보를 살릴 것은 살리고 버릴 것은 버린 이후 통합하여야 오류가 없는 정보로 쓸 수 있다. 그러니 정보는 쌓이고 필터링하고 판단하는 과정이 필수적이다. 좁고 깊게 판 정보는 전문성이라는 권위를 주어 얼마든지 논리를 정당화할 수 있고 그럴듯하게 보일 수 있다. 주위에서 몇몇 유튜브 전문가의 견해를 받아들이거나 인터넷상의 단편적이고 편협된 정보에 영향을 받아 발생한 리스크를 감당해야만 하는 사건이나 사람들을 종종 볼 수 있다. '권위 있는 전문가의 의견이 대중(시장)보다 더 신뢰가 떨어질 수 있고, 집단 지성보다 개인 지성이 더 옳았을 때도 있다는 것'을 항상 염두에 두어야 한다.

정보를 통째로 버려야 할 때도 있다

앞에서 말한 것 같이 우리의 경험과 기억들이 만든 생각의 틀은 우리의 신념과 믿음으로 자리한다. 이런 성향이 새로운 정보를 취득하는 데 방해할 수 있다. 그렇게 되면 기존 가지고 있던 정보가 오히려 정보를 가지지 않은 것보다 못한 상황이 될 수 있다. 특정한 스타일을 배운 예술가 중 그 스타일이 퇴조하고 다른 스타일이 그 자리를 차지했음에도 애초에 배운 스타일에서 벗어나지 못한다고 한다. 회사에서도 비즈니스를 하다 보면 시대와 고객이 변해 브랜드 자체를 접고 완전히 원점에서 시작할 때가 있다. 이때 기존 정보를 활용하면서(버리지 않고) 문제 해결에 집중하면 할수록 시간만 낭비하고 골든타임을 놓치게 된다. 정보는 시간에 따라 수명을 달리한다. 새 부대에는 새 포도주를 담아야 한다.

자기 프레임에 빠지면 외부를 볼 수가 없고 객관성을 잃는다. 의사 결정을 해야 하는 위치에 있는 사람들은 정보를 잘 다루어야 한다. 잘못된 정보에 기인한 말 한마디와 결정이 사람들을 어렵게 할 수 있다. 편향되게 정보를 획득하는 성향으로 인해 고정관념이 생기고 이로 인해 다른 사람들과의 갈등이나 피해를 주는 것은 더욱 주의해야 할 태도인 것 같다.

POINT. 정보를 받아들이는 오류들을 인지하고, 균형적인 정보 획득 습관을 들이자.

11

피드백(Feedback) 없이는 성장은 없다

'피드백'이란 한마디로 '일과 나에 대하여 고객에게 갔다 오면서 버그(Bug, 오류)를 잡는 것'을 뜻한다. 피터 드러커 교수는 지식인의 생산성을 크게 높이려면 두 가지 방법밖에 없다고 하였다. 하나는 '과업을 정의'하는 것이고, 다른 하나는 '피드백'이라 하였다. 그의 말처럼 피드백을 통해 버그를 해결하면 생산성이 올라가지 않는 것은 이상한 일이다. 신입 사원들의 출발선은 같더

133

라도, 피드백하면서 일하는 사람과 하지 않는 사람은 후에 격차가 크게 벌어지게 되어 있다.

피드백이 어려운 이유?

만약 자신의 태도나 일하는 방식에 대해 다른 사람에게 지적을 받았다고 치자. 그것을 바로 수용하면서 개선할 사람은 얼마나 될까? 지적을 받으면 우선, 기분이 좋지 않은 것이 사실이다. 자연스럽게 자신을 방어하려는 마음부터 든다. 사람에겐 죄인의 DNA가 있기 때문이다. 죄인의 특성으로 자신이나 자신의 문제를 보지 못할 뿐 아니라, 오히려 피하려고 한다. 이러한 이유로 대개 사람은 일을 성취하려고만 하지, 타인에게서 피드백 받는 것을 좋아하지 않는다. 직원 중 열정도 넘치고 본인의 일에 집중하는 데도 성과를 내지 못하는 경우를 종종 보았다. 그 이유는 '제대로 된 피드백'을 하지 않아서일 경우가 크다.

피드백은 크게 2개를 가지고 한다

피드백은 '사람'과 '일'에 대해서 한다.

사람에 대한 피드백은 그 사람의 강점이나 재능, 역량, 지식, 태도 등 그 사람을 둘러싼 상황이나 상태를 되돌아본다. 일에 대한 피드백은 그 사람이 한 일의 피드백이라고 할 수 있고, 내가 현재 어디에 있는지, 어느 수준인지를 알기 위함이다.

일에 대한 피드백을 할 때는

첫째로 '균형'이 필요하다.

숫자와 질을 같이 봐야 하고 과정은 물론 일정 기간이 지난 다음에 결과물을 보는 것을 병행해야 한다. 이때 일의 질(質)이나 일하는 방식뿐만 아니라 사람의 강점 등이 드러난다. 작게는 개인과 팀에서 크게는 사업장으로 범위를 늘리는 피드백 고리가 만들어져야 한다.

둘째는 계획이 중요하다.

'계획이란 어느 시점에 무엇을 얻을 것인지의 목적, 즉 결과물을 정의하는 것'이다. 그런데 대부분이 계획을 세우는 데 있어서 무엇을 얻고자 하는지를 명확히 정의하는 작업을 빠트리는 경우가 많다. 계획과 아울러 실행 및 결과물에 대한 데이터와 정보의 기록, 분석될 수 있는 시스템을 갖추고 있어야 한다. 그러므로 피드백이 제대로 이루어지려면 그보다 앞서 목표 수립, 성과 측정, 책임 부여 등 모든 것들이 동시에 갖추어져야 한다.

셋째는 '하기로 한 것을 이루기 위해 거기에 시간을 썼냐'이다.

이를 명확히 알려면 자신이 한 일을 실시간으로 기록하여야 한다. 이것을 가지고 자신이 목표한 바가 실제 계획대로 이루어졌는지, 계획한 대로 시간을 효율적으로 배분하여 썼는지 피드백을 한다.

피드백을 돕는 중요한 도구를 추천한다

피드백을 돕는 도구 하나를 추천한다면 미 육군에서 사용되는 AAR(After Action Review)이다. 5개의 질문으로 되어 있는데 아주 쉬울뿐더러 피드백의 도구로 유용하다. 이 도구로 여러 번 해보면 피드백의 습관을 쉽게 들일 수 있다.

계획하고 실행한 것에 대해 아래의 5가지의 질문을 하고 답을 한다.

Q1. 얻고자 하는 것은 무엇인가?

Q2. 얻은 것은 무엇인가?

Q3. 차이는 무엇인가?

Q4. 그 이유는? 원인은?

Q5. 그러면 어떻게 할 참인가?

AAR이 아주 유용한 도구라 할지라도 개인차에 따라 피드백의 질이 달라진다. 대부분 얻고자 하는 것과 자신이 얻은 바를 정리하는 단계까지는 잘해 낸다. 그러나 계획하고 실행한 것의 이유나 원인이 무엇인지는 찾기는 쉽지가 않다. 무엇을 했고 무엇을 못 했고, 무언가를 했다면 이전보다 나아진 것은 무엇인지, 어떤 베스트 프랙티스(Best Practice, 검증된 성과 사례)인지, 만약 전진하지 못했다면 계획이 잘못된 것인지, 사람이 문제인지, 너무 많은 일을 해서 집중하지 못한 것인지, 자원이 부족한 것인지, 전략이 없는 것인지, 시스템이 없는 것인지 등등을 두세 단계 아래로 내려가야 진짜 원인을 찾을 수 있다.

　피드백을 제대로 하면 유익이 많다. 피드백은 최종적으로 '교훈과 설루션을 얻기 위한 행위'이다. 피드백을 제대로 하면 세 가지의 효과를 얻을 수 있다. 그것은 '처절한 반성'과 '교훈'을 얻는다는 것, 결과에 대한 '원인'이 밝혀진다는 것, '대안'이 나온다는 것이다. 이 세 가지 중에 하나라도 빠지면 제대로 된 피드백이라 할 수 없다.

> POINT. 피드백은 성장의 강력한 도구라는 것을 잊지 말자.
> 피드백 도구를 이용해 정기적으로 피드백하는 것을
> 우선순위의 하나로 삼자.

PART 3

청년의 직장

01

세상에 첫발을 내딛는 후배들에게

나는 전공을 바꿔 대학을 다시 입학하였다. 그땐 가정 형편이 좋지 않았기에 등록금을 해결하고자 군(軍) ROTC 장학생을 지원했고, 그 옵션으로 군 복무를 4년을 더 했다. 제대 후 여러 회사를 지원했지만 나이 제한으로 마음에 드는 회사에 입사하기가 쉽지 않았다. 운 좋게 입사하였지만 몇 기수 선배보다 나이가 많아 고충이 많았다. 하지만 그때 취업한 첫 회사에서 거의 30년을 근무하였다. 내 인생의 거의 절반을 한 직장에서 보낸 셈이다. 직장 생활 중 생각지도 못한 많은 실수와 바닥까지 떨어지는 좌절을 겪기도, 놀랄 만한 성취를 하기도 했다. 이런 나의 직장 생활을 토대로 후배들에게 어떤 도움을 줄 수 있을까 생각하며 이 글을 써본다.

참는 것이 경쟁력이다

처음 발을 내딛는 회사가 사람들도 우호적이고 회사 문화도 좋아 직무 만족도도 높고 성장의 기회가 많이 주어진다면 얼마나 좋을까? 그러나 그렇게 모든 면이 내게 꼭 맞는 곳은 없다. 모든 조직은 어떤 형태로든 다 문제를 안고 있다. 우리 회사에서 퇴직한 직원들을 가끔 만나보면 새롭게 이직한 회사에서 또 다른 불만이 있는 것을 보게 된다.

일전에 어느 엘리베이터 안에서 대기업에 다니는 한 청년이 자기 회사를 비판하는 것을 들은 적이 있다. 남들 앞에서 자기가 속한 회사를 비판하는 것이 썩 좋지 않아 보였다. 불만이 생기더라도 내가 발을 디딘 그곳은, 내가 사랑해야 할 나의 공동체다. 회사가 나에게 맞지 않다고 해서 여기저기 불만을 이야기할 권리는 없다. 회사 경영진이 비리를 저지르고 모든 사람에 지탄을 받아 마땅한 도덕적 해이(Moral hazard)가 있거나, 누가 보더라도 명백한 부당한 처우를 받는 경우라면 모를까 내가 떠나기 전까지 그 회사는 '나의 회사'이고, '우리 회사'이고, '우리의 공동체'이다.

신입 시절, 나는 아주 엄격한 선배 밑에서 강도 높은 업무와 과도한 목표 달성 요구로 인해 뛰쳐나가고 싶을 정도로 힘든 시간을 보냈다. 때로는 모욕도 당했다. 그럼에도 상사에게 순종을 다했고, 내게 주어진 일을 잘 해내려고 최선을 다했다. 고난은 연단(鍊鍛)의 축복이 주어진다. 연단의 시간은 직장 생활 내내 나를 버티게 한 궁극적인 힘이 되었다.

열린 마음으로 시야를 넓혀라

신입 사원 때 한 선배가 나에게 "지금 맡은 일에서 전문성을 쌓는 것도 좋지만, 틈틈이 시야를 다른 곳으로도 돌려야 해!"라고 충고하였다. 그 당시에는 나의 일을 하는 것도 어려워 다른 부서 일까지 들여다볼 여유가 없었다. 하지만 일을 하면 할수록 모든 조직은 여러 부서가 직간접으로 연결되어 있어, 타 부서의 일을 제대로 이해하지 않으면 일이 원활히 되지 않는다는 것을 직급이 올라가면서 깨닫기 시작했다. 어떤 보직을 맡았을 때 과거 진행했던 프로젝트나 보직 경험이 다시금 연결되기도 하였다. 그럴 때면 '그 당시에 더 관심을 가지고 제대로 했으면 하는 후회'를 하게 된다. 지금 자신의 일과 직접 관련이 없는 것처럼 보이는 일일지라도, 열린 마음으로 관심을 가지고 들여다보자.

항상 '신입 사원일 때 가졌던 초심'을 잃지 말자

대부분 신입일 때는 열정도 있고 태도도 좋다. 우선, 신입은 모든 것이 부족한 상태이다. 그러다 보니 남들에게 맞추려고 하고, 모든 것을 스펀지처럼 받아들인다. 그런데 시간이 지나면서 초기의 감사함을 잊고 생각이 부정적으로 변해 간다. 이런 태도는 일에도 그대로 반영되어 자신의 성장을 가로막는다.

직급이나 경력이 올라가면 초심을 유지하기가 쉽지 않다. 나도 높은 포스트에 발탁이 되면서 주위에서 변했다는 이야기를 들은 적이 종종 있었다. '성과는 나의 부족을 인정하고 내가 가진 지식과 힘을 다 내려놓고서, 남의 것을 나의 것보다 크게 여기고 도움을 받으려는 긍정적인 자세가 뒷받침될 때 나온다.'

성공보다 실패를 기뻐하라

나는 회사에서 여러 사업장의 책임자를 역임하였다. 그런데 되돌아보면, 성공했던 때보다는 큰 실패가 오히려 나중에 큰 도움이 되었던 것 같다. 성공을 하면 '성공한 이유'를 찾지만 실패는 '반성과 교훈'을 얻는다. 어설픈 성공으로는 고객들이 진짜 원하는 가치를 발견하지 못한다. 큰 실패 없이 성공만 하면 그 성공에 안

144

주하여 새로운 것을 받아들이는 데 어려움을 겪게 된다.

확실히 실패해 봐야 참 교훈을 얻을 수 있다. 크게 사고도 쳐 봐야 하고, 좌절감도 맛봐야 한다. 나도 기대했던 브랜드 론칭에서 투자한 자본을 다 날리고 브랜드를 다시 시작해야 하는 상황도 있었다. 믿었던 직원이 부정직한 행동으로 회사를 떠나는 배신도 겪어 봤다. 성과를 못내, 한 포지션 아래로 내려가는 좌절도 겪어 봤다. 이런 일들은 내가 교만하지 않게끔 하는 아주 값진 시간이었다. 실패를 인정하고 무엇이 문제인지 피드백하면서 나에게 돌아올 질책을 받아들여라. 놀랄 만한 변화가 있을 것이다.

무엇보다 잊지 말아야 할 것은 '내가 속한 공동체는 나의 삶의 일부'라는 것이다. 그곳은 나의 유익만을 위해 존재하지 않는다. 치열한 경쟁 환경에서 내가 손해 볼 것 같은 상황에서도 양보할 수 있는 마음이 있어야 한다. 그것은 '나의 일 못지않게 남의 것을 돌아보아 그들이 성공하게끔 도와야 한다는 것과도 같은 의미'이다. 처음 시작할 때처럼 섬기는 마음으로 사회생활을 해나가기를 권하는 바이다. 그런 사람이 성공한다.

POINT. 현재 하는 일에서 폭을 넓혀 다른 영역의 일에도 늘 관심을 가지자.

02

워라밸, 일과 일상의 균형을 찾는 법

얼마 전에 회사원들을 면담하는 과정에 일과 후의 시간 사용에 대해 의외로 어려워한다는 것을 알게 되었다. 그때 일과 시간도 일처럼 우선순위와 시간 배분의 지혜가 필요하다는 생각을 하게 되었다. 최근 통계에 따르면, 현대인들에게 일하는 시간은 줄고 있지만 저녁 시간은 늘었다고 생각하지는 않는다고 한다. 그렇게 생각하는 이유 중 하나는 쓰는 '시간의 질'과 관련이 있다. 한

146

없이 소모되는 시간을 쓰는 사람은 시간이 턱없이 부족할 것이고, 더해지는 시간을 쓰는 사람은 작은 시간에도 가치를 느낄 것이다. 밀레니얼(millennials, 1980-90년대에 태어난 사람들)은 월급의 1/3을 취미 생활을 하는 데 사용하며, 응답자의 70% 이상이 자신을 위해 쓰는 돈이 아깝지 않다고 하는 기사를 보았다. 이처럼 현대인의 여가는 개인 중심의 것들을 향유하는 쪽으로 무게가 옮겨가고 있다. 시간에 대한 관점을 정리해 보았다.

저녁이 있는 삶의 필요조건은 일과 시간에 전력을 다하는 것이다

낮 시간 일의 상태가 저녁까지 영향을 미친다. 일을 완료하지 못했거나 직장에서 안 좋은 일이 있을 경우, 심리적인 부담이 일과 이후까지 연장이 된다. 그러면 쉬는 시간에 오히려 심리적인 불안 상태가 심화되는 경우도 있다. 따라서 '일과 중 자기 일에 몰입도가 높은 사람이 저녁 시간도 충만하게 보낸다'는 데이터는 설득력이 있다.

나와 같이 일했던 젊은 부하 직원이 기억난다. 그 직원은 그날 할 일을 일과 전에 리스트 업하고 일과 중에는 몰입도를 높여 버려지는 시간이 거의 없이 일한다. 그리곤 오후 5시만 되면 주변 눈치는 보지 않고 퇴근한다. 일과 시간에 몰입하려면 그 전날 저녁 시간의 적절한 통제와 컨디션 유지가 필요함은 당연하다.

돈을 주고도 살 수 없는 것에 시간을 써라

저녁 시간의 사용에 있어 특별한 목적이 없는 경우가 많다. 목적 없이 쉬는 것도 리프레시에 도움이 된다. 쉴 때는 쉬어야 한다. 하지만 쉬는 것이 계속되면, 그저 쉽고 단편적인 일들에 시간을 소모하게 되고 리듬을 잃어버릴 수 있다. 따라서 저녁 시간도 때론 적극적이고 능동적으로 계획해야 한다. 이 시간을 활용해 자신에게 '정말 중요한 것', '돈을 주고도 살 수 없는 것'들을 어떻게 가꿀 수 있을지도 고민해 보면 좋겠다. 예를 들면, 자신의 건강을 위한 활동이나 소중한 공동체 생활과 같은 것들이 있겠다. 자신을 잘 돌보려면 무엇을 어떻게 하여야 하는지는 사실 스스로가 더 잘 알고 있다.

제2 상한 활동에 시간을 할애하자

제2 상한 활동이란 '긴급하지는 않지만 내게 중요한 일'을 말한다. 이를 나는 '소모가 아닌 더해지고 회복되는 시간'이라고 정의하고 싶다. 가령 책을 읽고 깨닫는 시간, 공동체와 함께 교제하고 섬기는 시간 등이다. 특히 가족과 함께하는 저녁 식사 시간을 고정적으로 내는 것은 아주 지혜로운 일이다. 저녁 시간이나 주말 시간은 돈을 주고 살 수 없는 제2 상한과 관련된 시간에 상당 부분을 할애하고, 그 풍성함의 힘으로 일과에 몰입하는 것이 좋을 것 같다. 개인 시간에 속하는 저녁과 주말을 어떻게 사용하느냐에 따라 우리 삶은 더 풍성해질 수도 있고, 반대로 시간은 있되 '질의 결핍'에 빠질 수도 있다.

월리암 레이리피는 "우리가 원하는 것을 무엇이든 할 수 있으나 그렇다고 모든 것을 다할 수는 없다."라고 하였다. 일과 개인 시간의 균형을 맞춘다는 건 그리 쉽지는 않다. 가정과 일, 그리고 공동체에서의 시간을 배분해서 쓴다는 것이 그 '균형'을 의미하지도 않는다. 우리는 때때로 다른 것을 포기하더라도 한 영역에 집중해야 할 때가 있다. 가령 힘든 시기를 겪고 있는 가정에는 그 어떤 것보다도 가족과 함께하는 시간에 집중하는 일이 곧 '균형' 일 것이다. 써야 할 것에 시간을 쓰지 않으면 회복이 힘든 상황에 이를 수 있다. 이처럼 어리석은 것은 없다.

POINT. 저녁 시간도 우선순위가 필요하다.

03

업무 탈진에서 벗어나기

탈진의 원인은 다양하다. 직장 생활을 하다 보면 지치고 힘들 때가 있다. 여기서 더 나가면 '업무 탈진'이 온다. 개인이 지닌 기질과 성장 환경, 학습 결과, 거기다 노동 환경에 따라 탈진에 빠지는 원인과 힘듦을 느끼는 정도는 개인마다 다르다. 일하고는 관련이 없는 사적으로 안 좋은 상황도 업무 탈진에 간접적으로 영향을 미친다. 업무 탈진에는 개인차도 있다. 똑같은 상황에서도 스트레스를 많이 받는 사람이 있는가 하면, 아주 덜 받는 사람도 있다. 이는 내성(耐性, 환경 조건의 변화에 견딜 수 있는 성질)의 차이 때문이다. 탈진은 정서적인 것에서도 영향을 받는다. 육체적인 피로는 충분한 휴식으로 거의 회복되지만, 정신과 감정에 대한 회복에는 다른 접근 방식이 필요하다.

탈진의 원인을 찾아라

업무를 완벽하게 하려는 지나친 부담감으로 인한 과도한 업무도 탈진의 원인이다. 일에 시간을 많이 쓰는 데다 정서적인 압박감과 스트레스가 더해지면 탈진이 온다. 탈진은 '자신이 한 일에 대한 결과'가 일부 영향을 끼친다. 성과가 나면 일을 신나게 할 수 있고, 아무리 일을 많이 해도 덜 지친다. 업무적으로 힘든 데다가 인간관계에까지 문제가 생기거나, 사적인 고민이 있으면 탈진을 가속화시킬 수 있다.

탈진을 해결하기 위해 일을 잠시 멈추면, 회복된 것처럼 보이지만 금세 재발하는 때도 있다. 내가 아는 어떤 경영자는 직원이 탈진되면 일을 그만두게 하고 그 문제가 완전히 해결된 다음에 출근하도록 조치하는 것을 보았다. 어떤 경영자는 식사 시간을 자주 놓치면서 늦게까지 열정적으로 일을 하다 보니 건강은 물론 가정의 문제도 생기고, 거기에 성과까지 나지 않아 탈진이 왔고, 결국 회사를 그만둔 사람도 있었다.

151

우선순위 하나씩 해결하자

최근 직장인의 근무 시간은 법정 근로 시간으로 줄고 있지만, 회사에서 요구하는 수준은 갈수록 높아지면서 심리적인 부담은 여전히 커지고 있다. 이를 해결하는 방법은 '우선순위 한 가지에 집중'하는 것이다. 여러 개를 다 해야 한다는 부담을 극복하고 한 가지에만 몰입하면 일의 속도는 물론 좋은 결과가 따라온다. 심리적으로도 행복감을 준다. '어떤 일이든 그것을 처리하는 데 얼마나 시간이 주어져 있느냐에 따라 작업량은 그만큼 늘어난다고 하는 파킨슨의 법칙'이 있다. 그러므로 시간을 정해 놓고 한 가지 일에만 몰입해야 한다.

중요한 것은 일과 후에도 일할 때와 똑같은 원칙이 적용된다는 사실이다. 즉 휴식을 방해하는 요소를 단절하고 오직 휴식 한 가지에만 집중하는 것이다. 1900년 이후에도 미국인의 여가 시간은 이전과 비교해 거의 변화가 없었다는 조사가 있다. 기술의 발전에도 불구하고, 시간을 더 할애하고 있거나 인간관계에 대한 부담으로 유익하지 않은 각종 모임 등으로 생체 리듬이 깨질 수 있다.

일단은 탈진의 원인에서 벗어나자

업무 탈진의 실질적인 처방은 '시간 사용에 대한 태도'가 바뀌어야 한다는 것이다. 탈진은 처음에는 가볍게 시작되지만, 그 문제를 계속 안고 있으면 나중에는 큰 문제로 변해 버린다. 오랫동안 긴장과 갈등이 지속되고 탈진을 유발하는 장소에서는 신속히 빠져나와야 한다. 빠져나온다고 문제가 해결되는 것은 아니지만, 일단은 악화되는 것은 막을 수 있다. 그리고 시간을 내서 새로움을 줄 수 있는 자신만의 경험을 만든다. 낯선 지역의 색다른 여행, 외식, 공연, 경기 관람, 수면, 새로운 취미 활동 등이 그것이다. 하지만 내가 따로 추천해 주고 싶은 탈진 예방법이자 치료법은 따로 있다. 육체가 부서질 정도로 몸을 혹사하는 것이다. 몸으로 때우는 것은 노동과 운동만 한 것이 없다. 나는 힘들 때 아무 방해를 받지 않는 산으로 간다. 자연에서 땀을 흘리고 산에서 내려올 때면 많이 회복되어 있다.

고민을 풀어 놓을 수 있는 '관계 계좌'를 만들어 놓자

관계로 인한 문제는 일로 인한 문제보다 훨씬 해결이 어렵다. 관계 문제를 해결하는 방법은 트러블이 있는 사람을 피하거나 해결하거나 둘 중의 하나일 것이다. 좋은 관계는 나에게 힘을 주기도 하지만, 나쁜 관계는 탈진을 가속화한다. 항상 부정적이고 비평적인 말을 해서 나를 나쁜 상황으로 몰아가는 피폐한 관계는 단절해야 한다. 대부분 사람은 많은 '관계 계좌'를 가지고 있다. 그런데 업무적으로 힘이 들 때 기존의 '관계 계좌'에서 위로를 찾기는 쉽지 않다.

나에게 문제가 생길 경우 나의 고민을 이야기할 수 있는 사람을 만들어 놓아야 한다. 힘들 때, 때로는 혼자 있는 것이 회복에 도움이 되기도 하지만, 오히려 악화될 수도 있다. 그러므로 나에게 충전을 해줄 수 있는 긍정적이고 이타적인 사람들과의 연합을 해야 한다. 전문가의 실질적인 도움을 받을 수도 있다. 조직 내에서도 어려움을 겪는 사람들이 상담을 위해 자발적으로 자주 찾아가는 사람이 있는데, 그는 상대의 감정을 내 것으로 생각하며 잘 들어 준다.

나의 직장 생활을 되돌아보면 일 중심적일 때에는 일이 잘되는 것처럼 보였으나 장기적으로는 오래 가지를 못했던 것 같다. 내가 성과를 가장 많이 내면서도 힘이 들지 않았던 때는 일은 물론 사람들과의 관계에서 전체적인 균형을 이루었던 때였다. 나에게 영적, 지적, 신체적, 정서적으로 긍정적인 공급을 해주는 시간, 장소, 관계를 더하고 그렇지 않은 것은 과감히 단절하거나 바꾸어야 한다. 탈진은 임시방편의 조치(措置)보다는, 탈진의 원인을 제대로 찾고 바른 처방을 해야 한다.

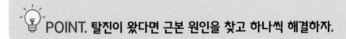
POINT. 탈진이 왔다면 근본 원인을 찾고 하나씩 해결하자.

04

직장에서 불편한 관계로
고민하는 청년들에게

사람과의 관계를 좋게 유지하기는 어려운 일이지만 한 번 깨진 관계를 회복하기는 더더욱 어렵다. 그래서 언제나 사람들과의 평화를 유지하려 노력해야 한다. 그러나 그것이 뜻대로만 되면 얼마나 좋겠는가? 다양한 사람들이 모이는 조직 내에서는 관계를 잘 맺는 것이 여간 어려운 일이 아니다. 특히나 직장에서의 관계는 일하는 과정에서 주로 발생한다. 다른 사람과 관련된 일에 내가 맞춰 주지 못하거나 성과를 못 낼 때 관계가 힘들어지기도 한다. 또는 일을 진행하는 과정에서는 개인의 욕심이나 경쟁심이 드러나 관계를 좋게 맺는 데 장애가 되기도 한다. 이래저래 사람들과 불편해지는 상황은 생각보다 자주 일어나고 그 안은 복잡하다.

자신을 먼저 들여다보라

대부분 사람이 겪는 관계의 문제는 뜻밖에도, 상대방보다는 나의 문제일 수 있다. 설사 상대가 문제가 있더라도 그 사람과 드러나게 트러블을 겪는 것은 자신의 책임도 있다. 대부분 사람은 상대방을 비난하고자 하는 죄성(罪性)을 가지고 있다. 어떤 사람의 가치관이나 일하는 방식이 나와 달라 불편할 때, 그 문제를 드러내는 것은 내가 가진 남을 비난하고 싶은 죄성이 그 사건이나 사람을 통해 드러나는 것뿐이다 .

"마음의 화평은 육신의 생명이나 시기는 뼈의 썩음이니라(잠 14:31)"의 말씀처럼 누구를 미워하면 그 피해는 정신적으로나 신체적으로 그대로 자신에게 돌아온다. 어떤 사람과의 갈등으로 그 환경이나 사람을 회피하기도 한다. 그렇지만 이후 갈등을 겪을 수 있는 또 다른 사람과 환경을 만날 텐데 그때마다 피할 수는 없을 것 같다. 따라서 "너희는 할 수 있는 한 사람들과 화목하라.”라는 말씀처럼 사람들과 관계를 잘 맺는 것이 답일 것 같다.

실력과 태도 둘 다 중요하다

실력이 중요하다. 우선 회사는 자선단체가 아니다. 성과를 내는 사람이 좋은 평가를 받는다. 어떤 조직이든 능력 있는 사람은 직급이 낮더라도 함부로 대할 수 없다. 만약 그가 변심하여 그 능력을 토대로 다른 회사로 떠나 버리면 회사는 리스크가 발생한다. 실력이 있는 사람은 다른 사람에게 도움을 주기도 하고, 그 실력을 기반으로 많은 사람과 네트워킹을 만들어 간다. 그런데 반대일 경우에는 상사는 일하는 과정에 자꾸 짜증이 나고 지적하게 되어 관계가 깨지게 된다.

그런데 실력이 아주 좋아도 성격이 모나거나 부정적인 사람에게는 사람들이 함께 일하는 것을 피한다. 일을 하다 보면 지적받는 상황이 생긴다. 그런데 지적받은 것에 대해 변명으로 일관하면 무엇을 말해 주기가 어려워진다. 반대로 지적을 받아도 아무렇지 않게 친밀하게 행동하는 직원들이 있다. 건의할 사항이 있을 때 태도를 좋게 말하는 직원이 있다. 아무래도 이런 직원에게 마음이 더 가는 것이 사실이다.

권위에 순복하고 그의 공헌을 위해 조력하라

오래전 한 공동체에서 청년을 대상으로 강의를 한 적이 있었다. 그때 한 청년이 다음과 같은 질문을 해왔다. "상사로 인해 직장 생활이 괴로운데 어찌해야 할까요?" 아마 이직의 원인 중 반 이상이 사람과의 관계로 인한 것이라고 하는데, 그중에서도 상사로 인한 것이 대부분일 것 같다. 그때 나는 다음과 같은 성경 구절로 답을 대신했다. "사환들아 범사에 두려워함으로 주인들에게 순종하되 선하고 관용하는 자들에게만 아니라, 또한 까다로운 자들에게도 그리하라(베드로전서 2:18)."

직장에서 아무리 못된 상사라도 우리는 권위에 순종하여야 한다. 권위에 순종하는 것과 관련된 좋은 예가 다윗과 사울의 관계이다. 다윗은 블레셋을 이겨 이스라엘에 큰 공을 세웠다. 그런데 사울은 여인들이 "사울이 죽인 자는 천천이요 다윗이 죽인 자는 만만이로다."라고 떠드는 소리를 들었고 그때부터 시기심에 불타게 되었다. 사울은 다윗 같은 훌륭한 후계자가 있다는 것과 그가 나라를 구한 것에 대해 감사하여야 할 상황이었으나 오히려 열등감으로 인해 분노의 마음을 가지게 되었다. 그런데도 다윗은 사울을 끝까지 왕으로 섬겼다. 자기를 죽이려고 하는 사울을 죽일 기회가 있었으나 죽이지 않았으며, 오히려 아사 직전의 사울을 죽이고 다윗에게 공로를 자랑하던 소년에 대하여 "기름 부은 자를 죽이고 두려워하지 않는다."라고 하면서 오히려 그를 죽이게 하였다. 만약 능력이 부족하고 단점이 있는 리더라고 순종하지 않는다면, 조직의 질서가 유지될 수 있는 곳은 그리 많지 않을 것이다. 상사는 그의 강점이 빛을 발하도록 돕고 실족하지 않도록 도와야 하는 대상이다. 피터 드러커 교수도 "상사가 성공해야 나와 내 조직이 성장할 수 있으므로 강점이 훼손되지 않도록 도와야 한다."라고 하였다.

나는 여태까지 살아오면서 만났던 사람들이 나와 함께하기로 예정되었던 것 같다는 생각을 가끔 한다. '이 세상을 사는 동안 만나는 사람과 환경은 우리의 인생의 큰 그림의 한 과정에 있다'는 것을 생각하며, 사람들과의 만남 과정에 실족(失足, 행동을 실수)하지 않도록 '항상 어깨의 힘을 빼고 겸손하며 상대방 중심'으로 배려해야 할 것이다. 나는 물론, 우리 모두에게 해당하는 말이다.

POINT. 관계를 좋게 하는 데 나의 장애가 무엇인지를 점검하자.

05

상사를 승자로 만들기

직장인 중에는 상사와 어떻게 일해야 할지 어려워하는 사람이 의외로 많다. 어려움을 주는 상사가 바뀌어 좋은 상사가 부임하면 좋겠지만 그렇게 되지 않을 수도 있다. 반대로 계속 나쁜 상사와 일할 가능성도 적다. 상대에 따라 그때그때 섬기는 마음이 달라질 경우에는 직장 생활이 쉽지 않을 것 같다. 윗사람을 섬기려는 마음이 있을 때는 관계의 어려움이 있더라도 극복할 가능성이 커진다.

나에게 도움이 되지 않는 상사는 없다

직장 생활을 하면서 여러 명의 상사를 모셔 보고, 주위의 리더들을 관찰하면서 내린 결론은 '리더십은 정답이 없고, 어떤 리더십이 옳다고 쉽게 이야기할 수 없다'는 것이다. 리더십과 관련하여 많은 사람이 착각하는 것 중의 하나가 리더의 성격을 리더십 스타일로 단정하는 것이다. 너무 내성적이라 말을 잘하지 못하거나, 너무 급해서 중요한 것을 놓치거나, 너무 신중하고 꼼꼼한 것 등은 리더의 기질이나 성격의 문제이지 리더의 옳고 그름을 판단할 수 있는 것은 아니다. 리더란 이미 성과를 내고 역량이 검증되어 그 자리에 있는 사람이다. 이것을 인정해야 한다.

그런데 까다롭고 힘들게 하는 상사 밑에서 일할 경우는 어떻게 할 것이냐는 문제가 발생한다. 결론은 어떠한 상사든 순종하여야 한다는 것이다. 그것은 하나님께서 '모든 권세에 순종하라'는 말씀을 따르는 것이고, '까다로운 상사를 통해 연단의 과정을 주신다'는 것을 감사하게 받아들이는 자세이다. 어려운 상사를 만날 때마다 직장이나 부서를 옮길 수는 없지 않은가. 만약 상사와의 관계에 어려움을 겪는 사람이 있다면 존 비비어 목사님의《순종》이라는 책을 읽어 보라고 추천하고 싶다. 이 책은 조직에서 관계로 인해 갈등하는 사람들에게 생각과 태도의 변화를 가져다 줄 수 있는 책이다. 내가 아는 사람도 이 책을 읽고 상사를 대하는 마인드의 변화를 가져와 현재 크게 쓰임 받고 있다.

상사를 승자로 만들어야 한다

'성과를 내지 못하는 리더 밑에서 유능한 리더가 나올 수 없다.' 무능한 리더 밑에 있는 직원이 그 상사를 대체해 책임자로 발탁될 가능성은 희박하다. 무능한 리더 밑에서는 그 조직도 같이 무능해지기 때문이다. 그러므로 반드시 상사를 승자로 만들어야 한다. 상사를 승자로 만들려면,

상사의 강점을 알아야 한다.

상사는 그가 가진 강점으로 성과를 내고 발탁된 사람들이다. 그런데 상사가 어떤 부분이 부족할 경우 그것을 물고 늘어진다면, 상사는 일에 자신감이 떨어져 자신의 강점을 발휘하는 데 어려움을 느끼게 된다. 성숙한 부하는 상사가 할 수 없는 것에는 그다지 관심이 없다. 오로지 상사의 강점을 알기 위해 노력하고 도와줄 것이 무엇인지에만 관심이 있을 뿐이다.

리더가 전략적 의사 결정을 통해 업무를 이끌어가는지(**전략형**), 관계를 통해 일하는지(**인간관계형**), 프로세스가 강하고 직접 챙기는

실무형인지(프로세스형), 상황을 강력히 통제하면서 관리하는 유형인지(통제형), 시장을 뛰어넘는 개척가인지(혁신형)를 파악해야 한다. 이런 리더십 유형은 사업이나 조직의 특성에 맞게 사용된다. 가령 사업 초기에는 혁신형이나 전략형이, 론칭 후 사업이 안정되기 위해서는 인적 자원형이, 운영의 생산성과 리스크를 관리하기 위해서는 관리형 리더들이 요구된다. 상사가 부족한 것 중에서 내가 가지고 있는 것을 통해 시너지가 날 수 있도록 도울 수 있다. 상사는 혁신형이라 꼼꼼하지 못하고 많은 것을 놓친다면 프로세스적이고 시스템적인 사고를 하는 사람이 그 공백을 메꾸면 된다.

내가 하고 싶은 것이 아닌 조직이 원하는 것을 해야 한다.

내가 기여하고자 하는 일과 상사가 필요로 하는 일이 거의 일치해야 한다. 상사는 조직의 사명을 생각하고 목표와 우선순위를 제일 많이 고민하는 사람이다. 상사만큼 고민하는 부하는 없다. 그런데 많은 직장인이 자아실현을 위해 조직이 원하는 것과 다른 일을 만들어 자원을 낭비하는 경우가 있다. 조직은 항상 일관되게 전략을 수행할 수 없다. 왜냐하면 시장(고객)이 변하기 때문이다. 어제의 전략이 오늘 전혀 소용이 없을 수도 있다. 상사가 전략을 바꿀 때는 분명 이유가 있을 것이다. 그래서 항상 상사(조직)가 원하는 것이 무엇인지 안테나를 맞추고 있어야 한다. 상사

에 초점을 맞추기 위해 유익한 질문은 아래와 같다

- **현재 상사가 나에게 원하는 것은 무엇인가?**

- **원하는 것을 알았다면 그것에 부응하기 위해 나는 어떻게 해야 하는가?**

사실 어떤 상사를 만나느냐에 따라 직장 생활이 달라질 수도 있다. 그런데 반대로 생각해 보자. 나로 인해 상사가 펼 수 있다는 것을 말이다. 그러면 도움을 받은 상사는 나의 지원군이 될 것이다. 좋은 상사 만나기를 희망하기 전에 내가 도울 수 있는 것이 무엇인지를 먼저 생각하자. 상사의 전략이나 방향이 잘못되었을 때, 그때는 의견을 전하는데 지혜로울 필요가 있다.

⌲ POINT. 상사의 강점을 알고 부족한 것을 나의 강점으로 돕자.

164

06

제대로 보고하기

직장에서는 여러 형태의 보고가 이뤄진다. 가령 상사의 지시를 받아 준비한 보고, 업무 책임자가 주도적으로 수립한 계획이나 진척 상황 또는 성과에 대한 보고, 투자나 자원 배분과 관련된 보고, 사고(事故) 보고, 반드시 알아야 할 고급 정보 보고 등이 있다. 보통 보고를 받는 사람은 지시한 바가 제대로 반영된 해결책이나 기대 이상의 성과가 보고 내용에 포함되기를 바라지만, 보고하는 사람은 자기가 정리한 내용이 보고받는 사람의 마음에 들기를 바란다.

이렇듯 보고 과정에서는 상호 간 이해의 틈이 종종 발생한다. 그렇다면 왜 이러한 틈이 발생하는 걸까? 크게 2가지 이유가 있다. 하나는 지시한 사람의 의도를 정확히 이해하지 못하고 '내가 보고하고 싶은 것'만 보고하기 때문이고, 또 하나는 '보고서의 종류별 목적'을 충실히 충족시키지 못했기 때문이다.

상사를 당황하게 하는 보고

상사를 당황하게 하는 보고는 '과정은 생략하고 결과만 보고'하는 경우, '당연히 보고해야 할 사항은 빠뜨리고 중요하지 않은 내용만 보고'하는 경우다. 회사에서 한 직원에게 계약과 관련한 중대한 보고를 제대로 받지 못해 난처한 상황에 부닥친 적이 있었다. 통상 거래를 해왔던 업체와의 계약이 만료되기 최소 3개월 전에는 계약 연장 유무를 결정해야 하는데, 계약이 종료되는 시점에서야 보고를 받았고 대안 없이 무조건 연장을 할 수밖에 없게 되었다. 어떤 문제가 있었던 것인가? 모든 '보고에는 수명'이 있다. 이 경우에는 시점을 놓친 것이다. 이렇게 상사를 당황하게 하는 경우는 일이 터져 금전적인 손해를 입거나 사람을 잃거나, 대외적으로 이미지가 안 좋아져 고객이 떠나거나 거래처와의 관계가 끊기게 되는 등등의 사건이 발생했을 때다. 일을 추진하는

166

경우 첫 단계부터 작업 방향을 제때 보고하며 상사와의 방향을 반드시 맞추어야 한다.

보고할 것과 보고하지 말 것

상사의 입장에선 보고를 받아야 할 것들이 아주 많다. 따라서 보고는 상사가 반드시 알아야 할 사항이나 의사 결정을 내려야 하는 내용이 아닌 경우에는 생략하는 것이 맞다. 사소한 것까지 상사에게 보고한다는 것은 보고 범위에 대한 기준이나 의사 결정을 하는 시스템이 없기 때문이다. 가령 그 조직의 1년 예산 계획을 세워 보고하였다면, 이후에는 예산 계획대로 집행이 되는지를 보고하고 변동되는 것만 추가 확인을 받으면 된다. 따라서 이슈별로 보고 주기를 정하여, 보고의 범위와 내용을 미리 선별해 놓는 것이 좋다. 반면 상사가 결정해야 하는 사항 혹은 상사의 권한에 해당하는 것을 보고하지 않고 실무자 선에서 자체적으로 결정하는 때도 있는데, 주의하여야 한다.

가장 효과적인 보고 방법 - REPORT

■ Repeat 반복해서 보고하라.

부하 직원은 보고를 마쳤다고 하더라도 상사가 이를 정확히 인지하지 않았다면, 이는 제대로 보고가 된 것이 아니다. 상사

가 언제 보고를 했냐고 물었는데 "지난번에 보고했는데요."라
고 당당히 대답하는 직원은 보고가 무엇인지 모르는 사람이
다. 중요한 보고는 상사에게 정확히 인지될 수 있도록 효과적
으로 전달해야 한다.

■ **Early 문제가 될 나쁜 소식은 바로 보고하라.**

자신의 관점으로만 일을 진행하고 보고를 소홀히 하면, 상사
가 생각하는 관점과 달라 다시 일해야 하는 경우가 종종 발생
한다. 그러므로 문제가 생길 것 같은 경우에는 빨리 보고해야
한다. 큰 사건이 발생하면 두려워 보고를 지체하는 경우가 많
다. 문제가 일어났을 때 대안도 함께 마련하여 보고해야 한다.
또한, 상사가 어떤 일과 관련해 무언가를 물어보았다면, 그 일
에 대해서 주도권을 놓친 것이라고 할 수 있다.

■ **Plan-Do-See 처음부터 끝까지 보고하라.**

작업 방향을 상사와 맞추었다면, 최초(계획)-중간(실행)-결과(진
척 상황과 변경 결과) 보고를 시점마다 해야 한다. 또한, 진행 과정
에서 상사에게 피드백을 받게 되는데, 이렇게 피드백을 받은
내용은 따로 구분해서 진행 과정과 결과를 보고하여야 한다.

■ **Opportunity 보고를 받는 사람이 바른 결정을 할 수 있을 때 보**
고하라.

보고는 타이밍이 생명이다. 특히 중요한 보고일 경우 보고

내용에 대해 상사가 충분히 이해할 수 있도록 사전 정보를 제공하거나, 보고 내용을 지원해 줄 스텝의 도움을 받아야 한다. 또한, 상사의 컨디션을 배려하며 충분히 전달될 수 있는 상황에 보고하는 것이 좋다.

■ **Result 핵심을 간단히 정리해 보고하라.**

보고서는 간단해야 한다. 보고서는 될 수 있는 대로 3장 이내로 정리하되 설명이 굳이 필요한 내용은 따로 첨부해야 한다. 실제로 보고서를 한 장으로 정리하는 것(1P 보고서)은 아주 힘들고 어렵다. 전략을 못 찾았거나 성과가 나지 않은 경우엔 간단히 정리할 수 없다. 또한, 내용이 많다는 것은 핵심을 정리하지 못한 것이므로, 다시 검토해 봐야 한다.

■ **Test 보고 전에 관련자들의 검증을 받아라.**

상사에게 보고하기 전에는 관련자들의 사전 확인을 받아야 한다. 일의 결과를 내는 것은 연결된 부서 혹은 관련자와 협업하지 않으면 어렵기 때문이다. 결국은 상사의 힘을 빌리지 않고 관련된 사람들의 동의를 얻어 일을 해결하는 훈련이 필요하다. 보고 내용은 얼마든지 실제와 다르게 가공할 수 있다. 그래서 보고를 할(받을) 때는 리포트에 담은 내용이 최초에 실행하고자 한 바를 충실히 이행한 것이며, 얻고자 하는 목적을 충족했는지를 검증해야 한다.

보고와 책임의 문제

보고는 책임이 따른다. 아주 오래전 내가 근무하던 리테일매장에서 소비자의 클레임이 발생했는데, 담당자가 제대로 해결하지 못해 그 소비자가 나에게까지 찾아왔다. 그때 그 직원은 소비자 클레임 건을 나한테 보고만 하곤 해결을 못 할 것 같으니 다른 곳으로 피해 있었다. 결국 내가 직접 해결할 수밖에 없었지만, 그 일을 책임지고 해결하지 못한 직원으로 내 머릿속에는 그대로 남아 있다. '보고에는 늘 책임이 동반된다는 것'이 핵심이다.

보고자는 보고를 잘해야 할 의무가 있다. 보고는 단지 내용의 전달만이 아닌, 상사와 소통하면서 조언을 받아 일의 완성도를 높이는 과정이다. 또한, 상사에게는 반드시 알아야 할 정보를 책임자로서 챙기는 과정이다. 그러므로 '보고하는 방법에도 적절한 지식'이 필요하다. 고객의 머릿속에 들어가 무엇을 보고할 건지를 잘 생각해 보고 그 내용을 보고서에 잘 담아야 한다.

POINT. 보고할 것과 보고하지 않을 것을 리스트 업하고 이행하라.

07

협력하여 업무하기

모든 일은 다른 사람과 다 연결되어 있다. 조직에서의 일은 다른 사람의 결과물을 받아 내가 완성하여, 다른 사람에게 넘겨주는 구조로 되어 있다. 좋은 결과물을 상대에게 넘기기 위해서는 다른 사람과 연결된 나의 역할이 무엇인지, 상대가 어떤 정보와 결과물을 원하는지를 알아야 한다. 만약 상대에게 정보를 시의 적절하게 제공하지 않으면 일의 수준이 떨어질 수밖에 없다. '협력을 잘하고 있다'고 말할 수 있으려면 '상대가 필요한 정보와 결과물을 원하는 시점에 전달해 주는 것'이 전제다.

협업(協業)이 안 되는 이유

첫째, 정보 공유에 대해 폐쇄적일 때

사람들은 일반적으로 자기가 가진 정보(지식)를 남에게 공유하는 순간 자기가 손해를 본다는 생각을 하여 적극적으로 정보를 공유하기를 꺼린다. 특히 개인 평가를 강조하거나 폐쇄적인 조직일수록 정보 공유가 잘 안되는 경향이 있다. 그러나 정보를 제공한 사람은 더 좋은 정보를 획득하기 위해 더 노력하게 되므로 결국 정보를 제공하면 할수록 역량이 올라갈 수밖에 없다. 남을 위해 내가 가진 것을 사용하면 더 많은 것을 얻는다. 지식도 마찬가지이다. '지식을 나눈 사람이 더 지식인이 된다.'

둘째, 지나치게 목표(성취) 지향적일 때

목표(성취) 지향적인 사람은 지나친 경쟁심으로 인해 상대를 돌아보는 데 소홀하여 팀워크를 해칠 수 있다. 경쟁의 유익이 있긴 하지만 지나친 경쟁은 부작용이 나타날 수밖에 없다. 목표를 달성하기 위해 모든 기능이 최선을 다한다고 해서 전체 성과가 달성되는 것은 아니다. 왜냐하면 공동의 목표에서는 밸류 체인

(Value Chain, 고객에게 가치를 제공하고 돈은 벌기 위해 나의 일과 연결된 사람이나 기능)별로 각각 달성하여야 할 크기는 정해져 있기 때문이다. 한 조직이 결과물을 많이 냈어도 전체 성과에서 기여할 몫 이상을 하면 그것은 낭비가 된다. 그 이유는 리비히 법칙(Liebig's Law, 한 종류의 자원만 부족하더라도 생명체의 성장은 제한된 이론)처럼 제 몫을 못 한 한 기능의 생산성에 의해 전체 생산성이 결정되기 때문이다.

셋째, 자기 분야에 대한 자부(존)심이 지나칠 때

대체로 조직에서 전문가나 성공한 사람들이 많을수록 자부심이 강하다. 그러나 그 자부심이 때로는 외부의 정보(지식)를 받아들이는 데 방해가 될 수도 있다. 결국 성공에 취해서 시장의 판도를 바꿀 기회를 놓쳐 버리게 된다. 우수한 회사 중에는 내부의 자부심으로 인해 외부 제안에 배타적으로 받아들이지 않아 시장에서 어떤 분야에 1위를 할 수 있는 혁신의 기회를 놓친 비하인드가 많다. 이 문제에서 벗어나려면 자신들이 무엇을 알고 무엇을 모르는지 알아야 함과 동시에 새로운 것도 수용할 수 있는 열린 마인드가 필요하다.

넷째, 개인의 성품이 부딪칠 때

다른 사람과 근본적으로 협업하기 어려운 성격을 가진 경우에 해당된다. 그 이유 중의 하나는 고집이다. 고집을 부리는 경우는

173

자기가 주장하거나 가지고 있는 생각이 옳다고 생각하기 때문이다. 또한, 성격상 남과 소통하는 것을 두려워하거나 사람을 가리거나 혼자 일하는 것에 익숙한 경우이다. 이런 사람들은 공동체에 소속되어 함께하는 것을 힘들어한다. 협동심이 약한 사람은 의지적으로 이 부분을 극복하기 위해 노력해야 한다. 정말 뛰어난 사람을 만나 보거나 전혀 다른 정보(지식)을 접해 보면 자기가 얼마나 부족한 존재인지를 알게 될 것이다.

협업이 되기 위한 조건

첫째, '협업이 될 수밖에 없는 조직'이 되도록 해야 한다.

협업이 되려면 한 리더 밑에서 하나의 목표를 가지고 관리할 수 있도록 조직을 원팀(One-Team)으로 구성하여야 한다. 여기서 원팀이란 물리적인 조직 구조뿐만 아니라 조직원을 한 방향으로 나아가게 하는 '화학적인 통합'이 이루어지는 팀을 말한다. 원팀의 특징은 도달해야 하는 목표가 같다. 비록 각 기능의 특성상 책임을 져야 할 것이 다르다 하더라도 기본적으로 공동의 목표가 방해되지 않도록 목표를 관리하여야 한다. 자기에게 맞는 사람만을 선호하지 말고 각 개인의 강점을 인정해 주고, 누군가가 역량이 떨어지더라도 참아 주고 돕는 조직이 되어야 한다.

둘째, '협업이 될 수밖에 없는 시스템을 구축'해야 한다.

시스템적으로도 조직원들이 한 목표를 바라보고 나아갈 수 있는 장치가 필요하다. '밸류 체인(Value Chain) 피드백 시스템' 같은 것이 될 수 있다. 이 시스템에서는 일하는 과정에 나와 관련된 기능들의 불만이 드러나게 된다. 자신의 문제를 통보받는 것이 고통스럽더라도 다른 사람들이 불만을 품고 있는 내용을 알려주고 본인이 해결토록 한다. 일반적으로 사람들은 자신의 문제를 알려주기 전에는 자신의 문제를 인식할 수 없다. 자신의 문제를 피드백 받은 사람은 해결하기 위한 실행 계획을 세워야 한다.

협업해서 이루지 않은 성과는 완전한 성과가 아니다. 협력해서 이루지 않은 성과가 무슨 의미가 있겠는가? 인간은 태생적으로 자기중심적이기에 다른 사람과 협업하는 데 어려움을 지니고 있다. 조직에서 누구와 협력하여야 할지, 누구에게 정보를 주어야 할지를 적극적으로 파악하고, 협업하는 모범을 보이자.

> POINT. 협력은 의무이다. 타인 중심적인 사고를 가지면 협력이 쉬워진다.

08

나는 발탁될 사람인가

본인은 능력이 있는데 회사가 알아봐 주지 못한다고 생각하고 있는가? 그렇다면 그것은 몇 가지 이유 중의 하나일 것 같다. 진짜 탁월한 인재인데 회사에서 실수한 것일 수도 있고, 아니면 본인이 착각한 것일 수도 있다. 탁월한 인재는 맞는데 때가 안 된 것일 수도 있다. 본인이 진짜 발탁될 수 있는 인재인지를 확인할 수 있는 방법이 있다. 그것은 '리더들이 사람을 발탁할 때, 고민하는 요소들을 자신에게 적용'해 보면 된다.

경영자의 관점에 힘을 보태고, 리더십에 도움이 되는가?

경영자는 항상 힘들다. 새로운 사업을 하거나 조직을 새로 개편하거나 새로운 제도를 들여오는 등 새로운 뭔가를 시도할 때 연착륙이 되기 위해 누군가의 도움이 필요하다. 상사가 내린 의사 결정, 상사의 경영 방식에 도움이 되는 직원이 되어야 한다. 또는 비즈니스를 하면서 생각대로 실적이 안 나오는 경우가 있다. 이때 돌파할 수 있는 아이디어를 제공하거나 설루션을 내놓으면 상사는 힘이 난다. 이런 직원들에게 눈길이 간다.

남들이 인정할 만한 탁월한 성과를 낸 적이 있는가?

성공 경험이 있는 사람을 발탁해야 한다. 왜냐하면 탁월한 성과는 투입된 시간의 질과 일을 풀어내는 관계, 그리고 전략이 모두 담겨야 가능하기 때문이다. 발탁될 사람의 역량은 탁월한 성과로 1차 검증된 것이다. 성과를 내는 과정의 어려운 장애물들을 넘으면서 역량도 올라간다. 큰 성과를 낸 사람은 자신감을 가지게 되고, 성과를 내 본 경험으로 또 다른 성과를 낼 수 있게 된다. 성과를 내면 낼수록 성과를 낼 수 있는 노하우를 체득하고 역량이 더 올라가게 된다. 모든 직원이 처음부터 성과를 낼 수 없다.

역량-성과-역량의 레벨 업-더 큰 성과의 선순환 고리에 의해 우수한 인재로 자리매김할 수 있다.

성과를 낼 수 있는 DNA를 가지고 있는가?

수행하는 직무에 맞는 강점이 있다면 성과를 낼 가능성이 크다. 그러나 강점 이외에 성과를 내는 DNA가 필요하다. 그동안 회사에서 성과를 많이 낸 사람들의 DNA를 분석해 보니 해당 직무의 강점 이외에 공통적으로 열정, 집요함, 전략, 시스템적 사고 등이 발견되었다. 비즈니스가 이루어지는 원리를 생각해 보면 굳이 분석하지 않더라도 이러한 DNA가 있어야 하는 것은 상식적으로 알 수 있다. 아무리 해당 직무에 강점이 있다고 하더라도 열정이 없으면 몰입하기 어렵고, 끝까지 해내는 집요함이 없다면 결과물을 만들 수 없다. 열심히 일하는데 전략이나 시스템적 사고가 없으면 초점 없이 일을 복잡하게 만들거나 남는 시스템이 없을 것이다. 전략이나 시스템적인 사고는 일의 결과물을 크게 하는 성과 인자이다.

자신의 이익보다 조직의 공헌하려는 진정성이 있는가?

나는 '진정성'이라는 단어를 좋아한다. 진정성이 있는 직원들은 머리를 굴리지 않는다. 머리는 좋으나 일을 하면서도 자신에게 이익이 되는지를 재는 직원들이 있다. 어떤 과업이나 직무가 주어지면 자신의 진로나 성장에 도움이 되는지, 나중에 손해는 없는지를 따지는 경우가 있다. 그 직무나 과업이 자신의 역량으로 공헌하지 못할 것이라면 고사를 하여야 하지만, 자기가 분명히 공헌할 수 있다면 기꺼이 발을 담그는 직원을 상사는 선호한다. 나는 사람을 세울 때 분명히 공헌할 수 있는 역량이 있는데도 어떤 과업이나 직무가 자기에게 도움이 되지 않을 것 같아 회피하는 직원은 발탁 대상에서 제외를 시켰다.

자신을 지지하는 사람들이 있는가?

직원들이 성과를 잘 낼 사람인지 분별하는 것은 상사만이 가능하다고 피터 드러커 교수는 이야기했지만, 성과 이외의 영역에 대해서는 상사가 잘 모르는 경우가 있다. 가령 인성이나 동료와의 관계, 정직함 등이다.

다음과 같은 질문으로 자신의 역량을 검증해 보자.

- **직원들이 일하다 막힌 경우에 본인에게 와서 물어보는가?**

- **직원들이 업무 외에 다른 영역에서도 내게 상담을 해오는가?**

- **상사가 다른 사람보다 나를 더 많이 의존하는가?**

179

이 질문에 yes라면 당신은 일종의 해결사다. 조직에서 해결사 역할을 하고 있다면 발탁 가능한 사람이다.

지금까지 열거한 질문들에 대해 10점 만점을 매겨 보고, 평균을 내보자. 또는 각 항목에 미달한 것이 있는지를 보자. 상위 점수가 아니라면 발탁을 위해 더 준비할 것이 있다는 것을 확인하는 시간이 될 것이다. 리더의 자리는 객관적으로 자신을 들여다보고 부족한 부분을 채우려고 하는 사람들에게 돌아갈 것이다.

POINT. 열거한 항목에 대해 점수를 내보자. 그리고 부족한 부분은 보완하자.

09

나는 성장할 사람인가?

한 중소기업의 대표가 직원들의 역량을 올리는 것과 관련하여 고민을 털어놓는다. "직원들에게 업무에 도움이 될 책을 무료로 제공하는 데도 가져갈 생각을 안 해요." 내가 성장할 사람인지를 알려면 지금 내가 어디에 있는지, 무엇을 하는지를 보면 알 수 있다. 배우는 시간에, 배우는 장소에 있는 사람은 성장할 사람이다. 또 하나는 피드백을 하는가이다. 피드백은 하는 순간부터 놀라운 변화가 일어난다. 피드백은 자신의 가진 것과 부족을 알게 하면서 배움의 동기를 가지게 한다.

배우는 데 마음이 열려 있는가?

내가 근무하던 회사는 초창기에는 인지도도 없고 인원이 얼마 되지 않았을 때, 입사했던 분들 중에 상당수가 회사의 경영자로 근무했거나 지금도 하고 있다. 그런데 회사가 성장하면서 한 해에 수백 명씩 엄격한 절차를 거쳐 신입 사원이 들어오곤 했는데, 많은 인원에 비해 미래의 경영자감을 찾기가 쉽지 않다. 초창기에 들어온 분들이 어떻게 거의 발탁이 되었고, 이후에 그렇게 많은 직원이 입사했는데도 경영자감이 잘 보이지 않는 이유는 무엇일까? 이 이슈를 가지고 내부에서 토의한 적이 있었다. 두 가지의 결론을 내렸는데 그중의 하나가 '본인들이 배우는 데 마음이 열려 있었다'였다(물론 '애정을 가지고 직원의 성장을 위해 항상 함께한 상사'가 있었다).

성장을 방해하는 2가지 장애

성장을 방해하는 장애는 '부정적인 사고'이다. 부정적인 사고는 정보를 제한적으로 받아들인다. 부정적인 사람은 어떤 공동체든지 함께하는 사람을 힘들게 한다. 부정적인 사람은 부정적이지 않은 것도 부정적인 로직을 걸어 그쪽으로 몰아가는 경향이 있다. 부정적인 사고는 관계에도 영향을 미쳐, 다른 사람들의 교류가 적어져 정보를 획득하는 데도 불리하다.

성장을 방해하는 또 다른 장애는 '고집'이다. 고집은 확신과는 다르다. 탁월한 성과를 많이 내고 경험이 많으면 자기 고집으로 발전할 가능성이 있다.

아니면 성향 자체에 고집이 있을 수 있다. 고집이 있으면 다른 사람의 말을 듣지 않는 경향이 있다. 회사에서 아주 탁월한 리더나 경영자들조차도 고집으로 인해 무너지는 경우가 있다. "나는 나를 가르치려는 것을 참을 수 없다."라고 이야기하는 사람이 있다면, 태생적으로 발전의 한계를 가지고 있다고 본다. 지위 고하를 막론하고 모든 사람이 완벽할 수 없다. 그리고 항상 성과를 낼 수도 없다. 그것을 인정하고 열린 마음으로 일하는 과정의 조언을 들으면서 반영을 할 수 있으면 그 사람은 더 큰 성장을 하게 된다.

피드백의 용기

내가 존경하는 분이 있었는데, 그분에게 그분에 대한 생소리가 어떻게 들어가게 되었다. 그런데 그것을 받아들이고 개선하는 것을 보았다. '용기'와 '열린 마음'이 있지 않고는 불가능한 일이다. 직급이 높을수록 밑에 사람들의 이야기를 듣는 것은 정말 어려운 일이다. 탁월한 성과를 냈을 때의 피드백은 자만하지 않게 하고 더욱 잘할 수 있는 데도 놓친 것들을 찾게 할 것이고, 실패했을 때의 피드백은 자신의 부족을 메꾸며 다음에 잘할 수 있는 용기를 가지게 한다.

'피터의 법칙'에 해당되지 않도록 역량을 쌓는 노력들을 지속적으로 하는가?

'피터의 법칙(Peter Principle)' 이란 현재 직급에서는 탁월한 성과를 내다가 다음 직급에서 무능이 드러난다는 법칙이다. 직급이 올라가면서 관리해야 할 사람도 늘어나고 의사 결정하거나 쳐내야 하는 업무의 무게도 커진다. 발탁된다는 것은 현재 직무가 아닌 레벨이 높은 직무에서 과업을 수행한다는 것을 말한다. 아무리 탁월한 성과를 낸다고 하더라도, 그것은 현재까지의 일과 거쳐 왔던 환경에서의 역량의 결과이다. 다음 레벨이 될 때는 업무 수준이나 전략의 크기, 조직의 환경, 리더십의 난이도가 올라갈 것이다.

당신이 다음 직급에도 성과를 낼 수 있는지 질문을 통해 확인할 수 있다.

■ **현재 본인이 학습하는 것이 무엇인가?**

- 회사에서 진행하고 있는 학습 과정에 어떤 수준으로 평가를 받고 있는가?

- 현재 직급보다 좀 더 난도가 높은 과제를 해결하고 있는가?

- 상급자가 내리는 의사 결정을 자신도 해보면서 결괏값을 비교해 보는가?

- 다음 직급을 수행할 수 있는 역량을 가지고 있는가?

- 자신의 과업에 대해 정기적으로 피드백하면서 부족한 부분을 보완하고 있는가?

성장을 하는 데 방해가 되는 자신이 가진 장애를 극복하는 데 시간을 쓰며, 자신의 과업에 대해 피드백하는 사람은 성장을 안 하려야 안 할 수 없다. 좋은 스승과 좋은 상황을 만날 수 있도록 기도하여야 하고, 가르침을 받는 과정에 늘 감사한 마음을 가져야 한다. 그리고 배우는 과정에 잘 준비하고 잘 질문하면 다른 사람보다 훨씬 큰 성장이 가능하다.

POINT. 성장을 할 수 있는 사람인지 질문을 통해 정기적으로 점검하고 보완하자.

|10

책을 통해 얻은 직장 생활의 전환점

책을 통해서 얻는 유익은 참 많다. 책은 우리에게 살아가는 지혜와 깨달음을 준다. 책을 통해 우리는 열정과 용기, 때로는 치유를 얻기도 한다. 진정한 나를 찾을 수 있고 나를 변화시키는 계기가 되기도 한다. 좌절했다가도 다시 각오를 다지기도 한다. 그리고 일하는 데 필요한 지식을 얻는다. 나는 그동안 일과 관련된 지식을 얻는 책들을 주로 읽어 왔다.

진로를 고민할 때 도움이 되었던 피터 드러커 교수의 책들

나는 동기들보다 많이 늦게 사회생활을 시작하였다. 그러다 보니 당시에 나의 관심 사항은 직장에서의 빠른 적응이었다. 최초의 보직은 내가 원치 않았던 모 브랜드의 구매 업무였는데, 나에게 맞지도 않을 뿐 아니라 난도가 커서 적응이 쉽지 않았다. 그러니 성과를 내는 것에 부담이 클 수밖에 없었다. 진로에 대한 고민이 시작되었다. 이겨낼 것인가? 직무를 바꿀 것인가? 회사를 그만두는 것까지 고민하는 데 이르렀다. 모든 직장인은 회사에 들어가는 것이 첫째의 희망이지만, 들어간 다음부터는 어떻게 적응하고 성장할 것인가로 관심이 바뀐다. 여전히 나도 그 선상에 서 있었다.

당시에 그렇게 고민하던 내가 진로에 대해 명쾌한 정리를 할 수 있었던 것은 피터 드러커 교수의 책을 통해서였다. 당시에는 피터 드러커 교수의 책이 국내에 본격적으로 출판이 되기 전이라 원서를 통해 읽었다. 크리스천이었던 그는 평생토록 컨설팅을 하였고, 경영과 관련된 책을 수십 권이나 썼다. 27세에《경제인의 종말》이라는 책을 쓰고, 97세라는 나이에 세상을 떠나기 일주일 전까지 왕성한 활동을 했다. 놀라운 것은 수십 년이 지난 지금도 그의 견해가 경영 현장에서 쓰이고 있고, 세상을 유익하게 하고 있다는 것이다.

나에겐 좋은 책을 고르는 3개의 기준이 있다. 첫째, 읽고 난 후에도 옆에 두고 계속 볼 수 있는 책인가? 둘째, 현장에서의 경험이나 학습을 통해 깨달은 지식이나 지혜를 담고 있는 책인가? 셋째, 신앙서는 아니지만 내용이 성경적인 원리를 다루고 있는가? 드러커 교수의 책은 이 세 가지 조건을 모두 충족시켰다.

강점으로 일하라

다시 처음으로 돌아가, 그 당시 진로에 대한 고민을 드러커 교수의 책을 통해 답을 찾은 내용은 다음과 같다.

"사람들은 어떤 종류의 일을 할 것인지, 무슨 일에 적합한지를 알기 위해 자신의 강점을 알아야 한다. 사람들이 성과를 못 내는 것은 무능해서가 아니라 자리를 잘못 잡았기 때문이다. 자리를 제대로 잡으려면 먼저 자신의 강점을 알아야 한다. 강점을 아는 방법의 하나는 일정 기간 자기 일에서 기대한 바와 결과를 비교하는 것이다."

가르침대로 내가 한 일을 피드백해 보았다. 그 결과 내가 잘할 수 있는 것은 계산하거나 협상을 하는 일이 아닌 '일을 체계적으로 관리하고 시스템적으로 구축하는 것'이었다. 그것이 맞는다면 회사 내에서 관리가 중요한 리테일 현장이 내게 적합한 직무라는 판단이 섰다. 마침 리테일에서 관리자 모집을 하기에 지원했다. 만약 그 당시 직무를 바꾸지 않았더라면, 지금처럼 성장은 하지 못했을 것이다. 나의 일을 피드백함으로써 나의 강점을 알게 되었고 새로운 진로를 찾게 된 것이다.

성과 내는 습관을 가져라

강점을 알고 직무를 바꾸었다고 바로 성과가 나는 것은 아니었다. 뭔가가 필요했다. 일과 관련된 고민도 역시 피터 드러커 교수의 책에서 힌트를 얻었다.

"지식에 의해 성과를 내는 사람을 지식 근로자라고 한다. 지식 근로자는 자신의 성과를 책임지는 사람이다. 그런데 자기 일에 책임을 지려면 일하는 방식이 바뀌어야 한다. 즉 성과를 내는 능력을 습득해야 한다. 그리고 그것은 습득될 수 있다. 가령 우선순위 하나에 집중하여야 하는데, 우선순위는 고객의 가장 큰 필요를 해결해 주는 것이어야 한다. 그리고 우선순위에 맞게 시간을 쓰되, 쓴 시간을 기록하고 분석하여 비부가가치(非附加價値)를 제거하여야 한다."

피터 드러커 교수의 말대로 나의 고객을 정의해 보았다. 나의 성과는 내가 관리하는 매장들의 매출과 관련이 있었다. 그런데 매출은 매장주에 의해 정해진다. 그러니 내가 섬겨야 할 고객은 매장주다. 나는 많은 매출을 하는 데는 더 많이 하도록, 그렇지 않은 곳은 매출을 더 올릴 수 있도록 하는 일에 우선순위 1번을 정했고 나의 시간을 거기에 맞게 쓰도록 계획을 세우고 사용하면서 기록 및 분석하여 비부가가치를 제거하였다. 그 결과 성과를 아주 크게 내게 되었다

여기서 피터 드러커 교수가 이야기한 성과 내는 습관의 내용들을 전부 다 설명할 수는 없다. 대신 나의 직장 생활에 도움을 준 드러커 교수의 책 중 꼭 추천할 만한 Best 5를 소개하고자 한다. 《자기 경영 노트》, 《경영의 실제》, 《마지막 통찰》, 《프로페셔널의 조건》, 《21세기 지식혁명》이 그것이다. 직업과 상관없이 꼭 읽어 보기를 권한다.

지식이 없거나 지식을 활용하는 방법을 모르는 상태에서 자원을 쓰면 부가가치는 창출되지 않고 오로지 비용만 발생할 뿐이다. 진짜 지식은 자원을 적게 쓰고도 부가가치를 크게 창출할 수 있다. 제한된 정보나 잘못된 인식을 가지고 의사 결정을 내려 사회에 큰 손해와 고통을 주는 것을 우리는 주변에서 흔히 볼 수 있다. 사회에 올바른 영향을 끼치는 것은 모범을 보이는 것뿐만 아니라 일의 기여를 통해서도 필요하다는 생각이 요즈음 자주 든다. 경영의 그루가 쓴 책을 읽어야 하는 이유이다.

POINT. **경영의 그루가 쓴 책을 정기적으로 보면 유익이 크다.**

11

평가에 대하여

　직장에서는 누구나 평가를 받는다. 거의 모든 평가에서 평가자와 피평가자 간의 견해차는 발생하고, 평가를 잘 받지 못한 사람은 심정적으로 그 결과를 받아들이기가 쉽지 않다. 왜 견해차가 발생하는 것일까? 평가자가 잘못 평가했거나, 평가를 받은 사람이 자신의 성과에 대해 착각했거나, 혹은 평가하는 시스템(기준, 평가 방식 등)의 오류가 그 이유일 수 있다. 평가의 오류를 줄이기 위한 정교한 평가 시스템이 있다고 하더라도, 평가를 받는 사람이 평가 결과에 대해서는 받아들이는 것은 또 다른 문제다. 나의 직장 생활을 되돌아보면 아이러니하게도 성과를 많이 냈다고 생각했을 때엔 오히려 평가 결과가 좋지 않았고, 오히려 일을 못 했다고 생각할 때는 평가를 잘 받았다. 이렇듯 평가의 견해차가 발생한다는 것은 평가에 대해 생각해 볼 점이 많다는 것을 의미한다.

내가 기여할 성과에 대해 사전에 정의하자

그동안 회사에서 평가 결과에 관한 추적을 하면서 흥미로운 데이터를 발견하였는데, '성과를 잘 내는 사람들은 자신의 성과에 대해 비교적 객관적이고 엄격'하지만, '성과를 잘 내지 못하는 사람인 경우는 자신이 일을 잘하는 사람이라고 착각을 한다'는 사실이다. 이처럼 평가 결과에 대해 오해가 일어나지 않으려면 평가를 무엇으로 할 것인지, 그리고 그 성과의 크기를 어느 정도로 할 것인지를 사전에 합의하여야 한다. 명확히 사전에 합의하여야 할 영역은 다음의 3가지이다.

첫 번째는 '숫자'다.

축구 경기를 보다 보면 "경기에서는 이겼는데 승부에서는 졌다."라는 말을 가끔 듣는다. 유효 슈팅이나 볼 점유율이 압도적으로 앞섰다고 하더라도 골을 못 넣으면 결국은 진 것이다. 골프 경기를 보고 있는데 해설자가 "골프는 폼이 아니라 스코어이고, 나뭇잎이 중요한 것이 아니라 열매가 중요하다."라고 비유했던 말이 기억에 남는다. 이는 비즈니스 안에서 숫자의 중요성을 정확히 표현해 주는 말이다. 어느 조직이나 예외 없이 매출 총이익(매출-매출 원가)이 올랐거나, 재고가 줄었거나, 비용이 떨어졌는가는 숫자로만 나타날 뿐이다. 많은 직장인이 이러한 숫자를 정확히 합의하거나 숫자의 움직임을 증명하지 못하고 있다.

두 번째는 '질' 이다.

질이 바뀌어야 숫자가 바뀐다. 그 질 중에 가장 중요한 것이 시스템을 남기는 것이다. 성과를 내는 데 시스템이 안 남는 경우가 있다. 이건 가짜 성과이다. 영속하는 시스템을 남기어야 성과가 일회성을 끝나지 않고 부가가치를 계속 창출할 수 있다. 시스템으로 일하면 자원 활용의 효율성과 일의 효과를 배가시킬 수 있다.

세 번째는 '고객' 이다.

숫자는 일부 오류가 있을 수 있지만, 고객을 속일 수는 없다. 직원들이 성과를 냈다고 한 내용을 내부 고객이나 소비자들을 통해 검증해 보면, 사실과 다른 반응을 보이는 걸 자주 보게 된다. 어떤 브랜드에서 좋은 성과가 났다고 하여 매장에 직접 가보았는

데 매장은 제대로 관리가 안 되어 보였고, 손님도 뜻밖에 적었다. 가만히 들여다보니 질이 비교적 떨어지는 식재료가 사용되어 원가가 내려가면서 단기적으로는 이익이 좋아졌지만, 그 결과 음식 맛이 떨어져 고객들이 이탈하기 시작한 것이었다. 고객의 만족과 숫자는 반드시 비례하게 되어 있다. 숫자로 평가가 어려운 경우 보완할 방법은 '고객에게 묻는 것'이다.

네 번째는 '사람'이다.

숫자와 고객 평가 못지않게 중요한 것은 사람이다. 성과를 내는 것도, 시스템을 만드는 것도, 고객에게 잘하는 것도 결국 사람이 하는 것이다. 최근 많은 회사가 직원들을 평가할 때 성과뿐만 아니라 조직 내 사람들과 어떤 관계를 맺으면서 일을 해나가는지, 일을 통해 사람을 성장시켰는지, 자신을 대체할 후계자가 있는지 등 사람과 리더십과 관련된 부분의 평가를 강화하고 있다.

고객이 한 평가는 받아들여라

직장 생활을 할 때 계획에 없던 상사의 호출을 받고 간 적이 있었다. 이날 '나에 대한 고객의 피드백'을 듣게 되었다. 나는 그 피드백 내용에 충격을 받았다. 왜냐하면 고객의 나에 대한 생소리가 너무도 리얼했고, 나 스스로의 평가와 너무 차이가 났기 때문이다. 제도상에서는 평가에 오류가 있을 수 있으나 많은 직원이 평가한 내용에는 오류가 적다. 자신의 일과 관련이 있는 여러 사람(고객)에 의해 평가된 결과들은 겸허히 받아들여야 한다. 사실 자신에 대한 평가 내용을 객관적으로 받아들이는 것에는 늘 용기가 필요하다. 이걸 받아들이면 자신의 문제가 무엇인지를 여러 관점에서 묵상하거나 해결하기 위해 노력하는 계기가 된다.

평가와 피드백

요즈음은 평가에 대한 해석이 이전하고 달라지는 것 같다. 평가를 성장 관점에서 접근하는 추세다. 그러나 나는 평가를 배제한 피드백, 피드백이 없는 평가 모두 문제가 있다고 본다. 정확한 평가(여기서 평가란 등급 평가나 줄 세우기가 아니라 일의 수준을 말한다)를 바탕으로 피드백하고 학습 성장도 따르는 것이 맞는 것 같다. 가장 나쁜 평가는 피드백 없이 공지하는 형태로 진행되는 경우이다. 이런 경우는 많은 오해와 함께 직원들의 사기를 떨어트릴 수 있다.

'평가를 피드백으로 연결할 때는 지식이 필요'하다. 평가만 할 경우에는 사람들은 방어적으로 된다. 평가가 아닌 교훈을 얻는 시간이 되려면 경영자와 직원들이 모두 함께하여야 한다. 특히 관련 있는 밸류 체인은 반드시 함께해야 한다. 가령 재무, 회계와 세무가 같이 해야 한다. 구매와 물류, 생산이 같이 해야 한다. 원팀은 무조건 같이 해야 한다. 개인이나 기능별로 퍼포먼스의 결과물이 나오는 시기가 다르고, 그 결과를 확인하는 데도 시차가 발생할 수 있다. 가령 구매는 프로세스의 앞 단계에서 구매한 원부자재의 원가와 품질로 바로 평가받을 수 있으나, 디자인의 경우는 디자인한 상품의 정량 평가는 판매가 이루어져야만 알 수 있다. 생산되어 판매까지의 프로세스가 긴 경우는 디자인의 결과를 시즌이 끝나야 최종적으로 판정할 수 있다. 이처럼 개인이나 기능별로 결과물이 나오는 시점이 다르므로 평가를 제각각 하면 제대로 된 교훈을 얻을 수 없다.

일반적으로 위대한 모델 중에서 반복되어 나타나는 피드백 고리는 첫째는 '직접적이며 즉각적인 고객 피드백'이다. 두 번째는 '룰(rule)에 의해서 하는 피드백'이다. 피드백을 반복해서 하는 것이 중요한 이유는, 모든 조직의 목표 달성이 1회에 그치는 것이 아니라 연속해서 이루어지기 때문이다. 피드백이 일상이 되도록 관리자는 피드백 문화를 만들어야 한다. 피드백이 일상화되면 자연스럽게 자신의 수준을 인식할 수 있다.

> POINT. 자신의 성과를 정기적으로 정의하고, 그 결과를 평가하고 피드백하자.

PART 4

청년의 한 끗 경쟁력

01

생각이 능력이다

일을 하기 전에는 먼저 생각을 해야 한다. 더욱 생각이 필요한 경우는 일이 막혔을 때이다. 일뿐이랴. 의사 결정이나 의사소통 전에도 생각이 필요하다. 그런데 사람들은 생각하기를 싫어한다. 그 이유는 생각하는 것을 아주 귀찮고 어렵게 여기기 때문이다. 특히 실행이 강한 사람들은 일이 잘 안되면 무엇인가를 해서 결과물을 내려고 하지 생각하는 것은 뒤로 미루는 경향이 있다.

199

생각하는 훈련이 안 되어 있거나 생각하는 방법을 모르면 생각을 통해 무언가를 얻지 못하게 되고, 오히려 실행을 더욱 강화하는 경향이 있다. 긴급한 것에 쫓겨 생각할 여력이 없는 경우도 있지만, 생각하는 것은 습관과 일하는 방식의 문제가 더 크다. 일을 하면서 "생산성이 떨어지는 이유를 한두 가지로 말하기는 어렵겠지만, 가장 큰 이유를 들라면 나는 '사고의 능력'과 '시스템의 수준'이 떨어지기 때문이다."라고 말하고 싶다.

일을 하면서 무엇을 생각해야 할까?

일을 하면서 생각해야 할 영역은 무척 많다.

■ 일을 시작하기 전에는

'무엇을 하려고 하는가?', '왜 그 일을 하려고 하는가?', '얻고자 하는 것은 무엇인가?', '어떤 자원을 언제 배분하여야 하는가?', '그 일을 어떻게 해야 빠르고 정확하게 할 수 있는가?', '그 아이디어대로 하면 원하는 것을 얻는가?', '그 일을 하면 어떤 일이 벌어지는가?'를 생각해야 한다.

■ 실행하는 과정에서는

'실행 방법이 최초의 가정을 충족시키는가?'를, '방향에서 벗어난 것들에 대해서는 왜 그런가?'를 생각해야 한다. 자기가 속한 조직이 무엇을 지향하며 무엇을 중요하게 여기는지를 간

파하고 나의 일을 거기에 맞추어 그 '일을 잘하기 위한 하우 (HOW)'를 생각해야 한다.

■ **일이 끝난 이후에는**

'얻은 결과물을 토대로 성공한 이유와 실패한 원인'을 찾고 '실패한 것을 어떻게 보완할 것인가?'를 생각해야 한다.

일의 순서나 내용, 상황에 따라 생각할 것이 다를 수밖에 없다.

잘 생각하려면?

첫째, 생각의 범위를 정해야 한다.

생각의 범위에 대해 유의할 것이 있다. 여러 개를 생각할 수 없다. 중요한 '우선순위를 중심으로 한 가지씩 생각'하여야 한다. 혼자서 생각하는 시간도 중요하지만 여럿이 같이 생각하는 것도 막힌 부분을 뚫는 데 효과적이다. 각 팀의 일들을 다른 팀들이 같이 보고 생각하게 한 후 의견을 제시하는 방법을 통해 문제 해결을 할 수 있다. 그렇게 하려면 시간을 내어 상대방의 일을 들여다보고 무엇을 조언할 것인지 생각해야 한다.

둘째, '별도로 시간'을 내야 한다.

생각을 하려면 별도의 '덩어리 시간'이 필요하다. 자신에게 맞는 덩어리 시간을 확보해야 한다. 그리고 생각을 잘할 수 있는 환경을 만들어야 한다. 누구에게도 방해받지 않는 아무도 없는 곳이거나, 새벽 시간일 수도 있다. 성과를 내는 사람일수록 한 가지 주제를 가지고 덩어리 시간을 확보해 생각하는 데 시간을 쓴다. 피터 드러커 교수는 "중요한 문제일수록 그것만 놓고 충분한 시간을 써야 한다."라고 하였다. 가령 "인선(人選)은 일주일 내내 생각하여야 한다."라고 하였다. 일주일은 생각하여 바른 결정을 내릴 수 있는 충분한 시간이다.

셋째, '하던 일'을 멈추어야 한다.

방향이 틀린 것도 모르고 일에 빠져들어 그냥 계속 일을 진행하다가 나중에 완전히 다른 결과가 나와 놀라는 경우가 많다. 처음에 방향을 잘 잡았다고 해도 중간에 점검하지 않으면 잘못 가는 것을 알 수 없고, 자원을 낭비한 후에야 문제가 있음을 깨닫게된다. 일이 계획대로 안 되면 하던 일을 멈추고 피드백을 해서 최초의 생각과 얼마나 차이가 있는지 발견하고 방향을 다시 조정해야 한다. 의도한 대로 일이 안 될 때는 일에서 떨어져 보는 것도좋다. 막힌 부분을 해결할 수 있는 아이디어들이 떠오를 수 있다.

넷째, 생각나는 것을 바로 '기록'하라.

생각을 기록에 옮기면 그것이 출발이 된다. 아무리 좋은 생각도 기록하지 않으면 기억이 나지 않을 수 있다. 기록을 하는 것은 특별한 형식이 없다. 아이디어도 좋고 문제점도 좋다. 어떻게 실행한 것인지를 적어도 된다. 처음에는 여러 가지 생각들을 기록하지만, 나중에는 핵심적인 것들은 구분해서 생각할 수 있도록 따로 정리하여야 한다.

다섯째, '다르게 생각' 한다.

사람마다 일을 푸는 방식이 있다. 그런데 이것이 오히려 일을 하는 데 방해가 될 수 도 있다. 그러므로 나의 일을 풀어나가는 방식이 최선이 아닐 수 있다고 항상 생각하는 습관을 들여야 한다. 일하는 방식의 버그(Bug, 오류)를 잡기 위해서는 나와 생각이 전혀 다른 사람을 만나는 것이 많은 도움이 된다. 또한, 진짜 지식인을 만나 봐야 자신의 수준을 깨달을 수 있다. 가령 엔지니어들이 전략 기획 쪽의 전문가들을 만나 보면 일하는 방법에 대해 전혀 다른 생각들을 가지고 있어서 문제를 푸는 데 이외로 도움을 받을 수 있다. 다르게 생각하는 데 좋은 질문은 "다른 엑셀런트한 사람이나 1위의 기업은 이 문제를 어떻게 처리할까?" 같은 것이다.

여섯째, '대화'를 많이 한다.

해결책이 없을 때 다른 사람의 생각(정보)을 통해 막힌 부분을 찾거나 내 생각의 완성도를 높일 수 있다. 특히 고수나 나와 같은 것으로 고민하는 사람들과의 대화는 막힌 것을 풀어 주는 단서(端緒)가 된다. 내가 모르는 정보를 대화 중에 접하다 보면 생각할 거리를 발견할 수 있다. 대화는 생각의 폭을 넓혀 준다.

좋은 생각이 나오기 위한 소스들

좋은 생각을 하려면 좋은 소스가 있어야 한다. 아무것도 없이 생각을 하는 것은 생각이 아니다. 좋은 생각이 나오도록 하는 데 도움이 되는 소스를 열거하고자 한다.

첫째, 좋은 데이터(정보)이다.

하나의 결과물이 나오기 위해 먼저 해야 하는 일은 데이터 수집이다. 이 데이터 중에 버릴 것은 버리고, 비슷한 것끼리 모으고 분류하고 통합하면서 결과물이 나올 수 있는 아이디어들이 정리가 된다. 유의미한 데이터(정보)가 나왔을 때 그것이 무엇을 의미하는지를 생각하게 된다. 유의미한 데이터는 실행을 하게 하는 소스가 된다.

둘째, 좋은 제목이다.

제목은 조사를 통해 나오지만 나온 조사를 토대로 제목으로 도출하기 위해서 많은 고민이 필요하다. 좋은 제목은 생각을 통해 나오지만, 좋은 제목을 찾으면 많은 것을 생각하게 한다.

셋째, 좋은 질문이다.

좋은 질문은 상대를 생각하게 만든다. 좋은 질문을 만들려면 생각을 해야 한다. 그것은 나에게도 적용이 된다. 내가 하려고 하는 것이나 결과물에 대해 좋은 질문을 스스로 하면 답을 하기 위해 깊은 생각을 하게 되어 있다.

넷째, 좋은 책이다.

좋은 책은 제목에 대한 해결점을 제공하여 준다. 책은 생각할 거리를 제공해 준다. 한 곳을 깊이 파서 문제를 해결하는 데 도움이 되기도 하지만, 다양한 책에서 획득하는 다양한 정보는 생각의 넓이를 더해 준다. 에디슨은 장르에 국한하지 않고 다양한 책을 통해 정보를 획득하고 통합하여 발명의 원리를 발견하였다. 에디슨은 장르는 다르지만 발견된 원리는 통한다는 것을 일찍부터 알았다.

필자의 생각하기

업무를 하다 보면 정말 생각할 것이 많다. 많은 생각할 거리 중에서 무엇을 먼저 생각할 것인지 정할 필요가 있는데, 이를 위해 필자가 유용하게 쓰는 도구는 일의 중요성과 긴급성에 의해 1개월, 3개월, 6개월 단위로 해결할 제목을 정한 우선순위 그림이다. 정리된 제목을 중심으로 그 일을 풀어낼 방법을 생각한다. 제목과 관련된 상사의 뜻을 묵상하고 그것을 토대로 부하에게 과업으로 부여하기 위해 필요한 것들을 생각한다. 누구와 그 과업을 함께 하는 것이 좋을지, 무엇으로 증명할 것인지, 그 일을 하기 위한 HOW(전략, 아이디어, 도구 등)가 적절한지를 생각한다.

그리고 일이 진행되면서 최초의 가정과의 갭을 찾아 왜 그런 차이가 발생했는지 생각한다. 제목이 잘못되었는지, 사람을 잘못 선임했는지, 전략이 부족한지, 전략은 제대로인데 실행 과정에서 프로세스가 문제가 되었는지, 실행 자체를 못 했는지, 못 했다면 왜 못 했는지, 실행 도구가 부족한지, 방향과 도구가 다 갖추어졌는데 실행하는 사람들이 이해를 못 했는지, 좀 더 기다리고 두고 보아야 하는지 등을 생각한다.

정신이 가장 맑은 이른 시간에 풀리지 않는 주제에 대해 지혜를 구하기도 한다. 풀리지 않는 문제를 해결하는 데 도움이 되는 책을 읽고 생각하면서 해답을 찾기도 한다. 때로는 현장에 나가 고객이나 관계자들을 만나서 막힌 부분을 풀기도 한다. 고객이 불편해하는 큰 문제로 고민한 적이 있었다. 아무리 고민을 해도 해결점을 찾기가 어려웠다. 그래서 과거부터 그 문제가 일어난 사례들을 다 찾아 유형별로 정리한 자료를 가지고, 전문가들을 만나 왜(why) 그 일이 일어났는지 대화를 나누어 보았다. 그런 다음 나눈 결과를 가지고, 별도로 덩어리 시간을 내어 생각해 보니 당연한데도 불구하고 생각하지 못했던 관점을 찾았던 경험이 있었다. 생각을 잘하면 모든 사람이 '당연한 것인데 우리가 왜 그걸 몰랐지?' 하고 손뼉을 칠 정도로 한 단어나 단순한 용어로 정리가 된다.

생각도 훈련이 필요하다. 상황과 시점에 따라 주제를 놓고 생각하는 것을 습관화한다면 시행착오도 최소화하고 얻고자 하는 성과를 낼 수 있을 것이다. 생각을 하다 막히면 생각을 도와줄 수 있는 대상을 찾아야 한다. 전문가일 수도 있고 같이 일하는 팀원일 수도 있고 시장일 수도 있고 경쟁자일 수도 있고 책일 수도 있다. 일을 시작하기 전이나 일을 하는 과정마다 먼저 생각하는 습관을 들이자.

POINT. 무슨 일을 하기 전에 먼저 생각하는 습관을 들이자.

02

고객의 속마음을 알라

누구나 자기 고객이 있다. 당신의 고객은 누구인가? 고객을 어떻게 정의하느냐에 따라 고객의 범위가 좁혀지기도 하고 넓혀지기도 한다. 직장에서 '내부 고객'이란, 상사는 부하, 부하는 상사나 동료이다. 좀 더 범위를 넓히면 그 회사의 비즈니스와 관계된 모든 거래처가 포함될 수 있다(아주 넓게는 정부, 시민단체, 관공서 등이 모두 포함됨). 그런데 진정한 고객이란 우리의 제품과 서비스에 값을 지급하는 소비자이다.

우리가 고객의 속마음을 제대로 알지 못하는 이유는 고객의 속마음을 알려고 제대로 시도해 본 적이 없거나, 단편적인 조사를해 놓고 고객의 속마음을 찾았다고 착각하기 때문이다. 그런데착각하는 진짜 이유가 따로 있다. 자기중심적인 인간의 DNA가고객의 속마음을 아는 것을 가로막고 있기 때문이다. 이런 이유로 고객의 속마음을 알기는 정말 어렵다. 여기서는 고객의 속마음을 알 수 있는 원리를 정리해 보았다.

고객의 마음을 알기 위한 원칙

첫째, 내가 먼저 마음을 열어야 한다.

고객의 속마음을 알려면 '고객의 불편과 원하는 것을 해결해주려는 진심 어린 동기'가 있어야 한다. 고객이 고통스러워하는것을 진심으로 공감하고 도와주려는 마음을 가지고 있지 않다면,고객의 속마음을 알기는 어렵다. 진심 어린 마음이 없다면 고객은 그것을 알아차리고 마음의 문을 바로 닫을 것이다.

둘째, 고객의 마음은 수시로 변한다.

고객의 불평이 해소되었다고 해서 끝나는 것이 아니다. 고객은그들이 원하는 것을 계속 바꾸어 나간다. 만족이 불만족으로 바뀌기도 한다. 주위의 양질의 서비스를 경험하는 과정에 다른 사람, 다른 조직(회사)과 비교하면서 원하는 수준이 점점 올라갈 뿐 아니라 전혀 다른 형태의 서비스를 기대하고 있다.

셋째, 고객도 자신이 무엇을 원하는지 모를 수 있다.

고객이 말하고 행동하는 것의 이면을 들여다보고 고객의 니즈를 찾는 것이 중요하지만, 그것이 전부는 아니다. 고객이 무엇인가를 원하지만 그것이 무엇인지를 명확하게 표현하기는 어려울 수 있다. 즉 고객이 느끼지 못하는 고충이 있다. 예를 들어 세상의 프로세스가 바뀌고 시스템이나 콘텐츠들이 확충되면서 그것을 제대로 이용하고 싶은 기대 욕구나 고객 자신이 그것을 따라가지 못하는 데 따른 불만 욕구를 정확히 설명할 수 없다. 또는 원하는 것이 무엇인지조차 모르지만 실체를 경험하고 나서 그 실체에 빠지는 경우도 있다.

고객의 속마음을 파악하는 HOW

고객의 속마음을 얻으려면 무엇을 얻을 것인지를 범위를 좁혀서 하나씩 조사하여야 한다. 여러 가지를 얻으려고 하는 것은 아무것도 얻지 못한다는 것과 같다. 시간을 두고 하나씩 하나씩 집중해서 정보를 획득하여야 한다.

첫째, 본질적인 질문을 하라.

고객의 마음을 열려면 진심으로 고객이 원하는 것이 무엇인지를 물어보아야 한다.

- **"내가 해주었으면 하는 것은 무엇입니까?"**

- **"내가 고쳤으면 하는 것이 무엇입니까?"**

사실 이런 질문을 하는 데는 용기가 필요하다. 왜냐하면 나의 문제가 그대로 드러나기 때문이다. 이 간단하면서도 본질적인 질문 하나가 (물론 제대로 실행한다면) 엄청난 변화를 일으킬 수 있다. 내 기억으로는 직원들에게 이런 질문을 받아 본 경우가 거의 없는 것 같다. 윗사람이 아랫사람에게 이런 질문을 하기는 더더욱 어렵고 용기가 필요하다

둘째, 눈으로 보고, 귀로 듣고, 발로 뛰어라.

이를 위해서는 고객이 있는 곳으로 달려가야 한다. 고객이 있는 시간대와 장소는 따로 있다. 아무 데나 당신의 고객이 있는 것은 아니다. 원하는 고객이 있는 시간과 장소에서 충분한 시간을 확보하여 지속적으로 그들의 행태(行態)를 관찰하여야 한다. 어떤 직원은 아는 사람들의 협조를 구해 그 집의 옷장을 직접 뒤지기도 하였다. 고객들이 떠드는 것을 엿듣는 것은 고객의 니즈를 아는 데 아주 좋은 방법이다. 고객들은 무수히 많은 불평을 쏟아 놓

는다. 그중에서도 반복적으로 나오는 이야기가 고객의 숨은 마음이다. 인터뷰 형태로 직접 물어볼 수 있지만, 질문하는 사람이나 질문의 수준이 전문적이지 않으면 왜곡된 정보를 가지고 잘못된 판단을 할 수도 있다.

셋째, 내가 고객이 되어 보자.

고객을 관찰하는 것으로는 한계가 있다. 실제 사용자나 소비자가 되어(상대방의 처지에서 눈높이를 맞추어) 직접 돈을 내고 실제 물건을 사 보거나 이용해 보았을 때의 만족과 불만 요소에서 고객의 숨은 뜻을 발견할 수 있다. 과거 다른 조직이나 국가가 밟아 왔던 비즈니스의 형태를 추적해 보는 것도(역사치) 고객의 마음을 알 수 있는 방법이다.

넷째, 결과물을 제시하라.

자기 고객의 니즈를 잘 발견할 수 있는 통로는 따로 있다. 그것이 무엇인지를 정확히 찾아, 거기서 소스를 얻어 만든(정리한) 결과물을 가지고 고객들에게 오히려 역으로 제안해 보자. 제안을 할 때는 고객들이 눈으로 볼 수 있는 결과물(샘플, 시안, 1P 리포트 등)로 제시해야 한다. 그랬을 때 구체적으로 고객의 생각이 드러나게 되고 그것을 반영하는 피드백 과정(버그를 해결)을 반복하면 된다.

고객의 속마음을 알기 위한 방법만 책 한 권을 써도 모자랄 것이다. 여기서 다룬 내용들은 주로 비즈니스 관점에서 정리했으나 모든 공동체에서 대상을 바꾸어 적용해 볼 수도 있다. 상대가 원하는 것을 알기 위해, 타인 중심적인 사고를 가지고 상대의 속마음을 알고 해결한다면 엄청난 경쟁력을 가지게 될 것이다.

POINT. 속마음을 알려면 진정성 있는 조사와 분석 및 해석의 시간을 충분히 가져야 한다.

03

나의 수준 알기

성장하는 데 필요한 지식의 영역을 분류한다면 3가지로 나눌 수 있다. '테크니컬 스킬(Technical Skill, 업무 기술과 관련된 지식)', '콘셉트 스킬(Conceptual Skill, 통찰력과 관련한 지식)', '휴먼 스킬(Human Skill, 인간과 관련된 지식)'이 그것이다.

이 세 가지 영역 중 하나만 강한 사람이 있는 반면에 세 영역을 모두 갖춘 사람도 있다. 콘셉트 스킬이나 휴먼 스킬이 부족하면

214

책임자로 발탁되기 어렵고, 운이 좋아 발탁이 되더라도 '피터의 법칙(Peter Principle, 승진 시 무능이 드러남)'에 걸려 어려움을 겪을 수 있다. 테크니컬보다는 콘셉트 스킬이, 콘셉트 스킬보다는 휴먼 스킬이 지식을 획득하기가 어렵고 시간도 오래 걸린다. 사원이나 직급이 낮을 때는 테크니컬 스킬만으로도 평가를 받을 수 있으나 콘셉트 스킬이나 휴먼 스킬은 시간이 많이 걸리므로 사원 때부터 관심을 가지고 지식을 획득하여야 한다. 관리자가 되었을 때 콘셉트 스킬이나 휴먼 스킬의 부족을 느끼고 관련 지식을 획득하기에는 이미 늦다.

테크니컬 스킬(Technical Skill) 높이기

해당 업무를 수행하는 데 필요한 전문 지식이다. 한 영역에서 전문가가 되는 데는 '10만 개의 패턴'과 '10년이라는 기간', '10만 시간'이 소요된다. 자신이 노력을 어떻게 하느냐에 따라 기간은 단축될 수 있으나 절대적인 시간이 필요하다. 테크니컬을 높이기 위해서는 현장에서 있는(경험하는) 시간을 절대적으로 늘려야 한다. 그리고 자기 분야에서 최소한 관련 서적 50권을 완전 정독하여야 한다. 그리고 더욱 중요한 것이 있다. 도사가 누군지를 알아내어 도시락을 싸 들고 다니면서 물어봐야 한다.

테크니컬 스킬의 수준 점검과 관련된 질문은 다음과 같다.

215

- 당신이 회사 문을 나섰을 때 시장에서 당신에게 얼마나 콜(call) 할 것 같은가?

- 조직을 떠났을 때 당신 스스로 살아남을 수 있는 무기는 무엇인가?

콘셉트 스킬(Conceptual Skill) 높이기

콘셉트 스킬은 '큰 그림 안에서 통찰력을 가지고 우선순위와 솔루션을 내놓을 수 있는 능력'이다. 즉 '전략적인 사고'이다. 전략이란 '선택이나 포기'이다. 조직의 자원은 제한적이라 모든 일을 할 수도 없고, 모든 일을 한다고 해서 성과가 나는 것은 아니다. 의사 결정을 내리는데 콘셉트 스킬이 없는 경우 조직의 자원을 낭비하고 직원들을 힘들게 한다. 콘셉트 스킬을 높이기 위해서는 전략적인 사고가 있는 사람들이 어떤 식으로 의사 결정(판단)을 내리는지, 조직의 자원을 어떻게 배치하는지를 집중해서 관찰한다. 그리고 한 제목을 가지고 여러 사람이 접근하는 관점을 정리해 보면 문제를 바라보는 시각을 넓힐 수 있다.

콘셉트 스킬의 수준 점검과 관련된 질문은 다음과 같다.

- 의사 결정을 통해 크게 기여한 것이 얼마나 되는가?

- 주위에서 당신이 조직의 근본적인 문제들에 대해 해법을 잘 내 놓는다고 하는가?

휴먼 스킬(Human Skill) 높이기

휴먼 스킬은 한마디로 '리더십'이다. 리더십은 조직의 비전과 전략을 달성하기 위해 사람의 마음을 얻거나 자발적으로 몰입하게 하는 지식이다. 휴먼 스킬은 마음가짐이 더 중요하다. 인재 관리 및 동기 부여와 관련한 책들이 범람하지만 마음 깊은 곳에 상대 중심적인 사고가 없다면 소용이 없다. 휴먼 스킬을 높이는 방법은 나의 유익이 아닌 상대방의 유익 관점에서 일을 계획한다. 그리고 리더십이 있는 사람들이 어떻게 사람의 마음을 얻는지를 관찰한다. 사람들의 지지를 받는 사람들은 어떻게 그런지를 직접 찾아가 물어본다. 그리고 그것들을 적용하면서 다른 사람들에게 자신의 리더십에 대해 수시로 점검받는다.

휴먼 스킬의 수준 점검과 관련된 질문은 다음과 같다.

- **조직에서 당신을 지지하는 사람은 얼마나 되는가?**

- **당신이 관리하는 직원들의 업무 몰입도는 어떤 상태인가?**

- **주위에서 당신에 대한 평판은 어떤 상태인가?**

지식 획득의 원리(4T)를 적용하자

세 개의 스킬을 획득하는 방식은 공부와는 많이 다르다. 지식 획득의 원리를 적용하여야 한다.

- **TIME**(시간)

비 온 후에 땅이 굳어지는 것처럼 지식의 획득은 절대적인 시간과 상황이 필요하다. 내공이 쌓이려면 시간이 필요하다. 다시 말해 지식을 획득하는 데 참고 인내하여야 한다는 말이다. 나의 경우에는 한 직무에서 5년 정도 지난 시점에 무언가를 알게 되었다.

- **TERM**(피드백)

지식을 획득할 때 간격을 두고 자기가 쌓은 지식을 피드백해 볼 필요가 있다. 적절한 시점에 학습을 멈추고 쉬는 시간이 필요하고 그 시간에 피드백해야 자기 것이 될 수가 있다.

- **TEST**(검증)

자신의 지식을 테스트해 보아야 한다. 그것을 시험일 수도 있고 시장에서의 비교일 수도 있다. 또는 자신의 지식을 노출하는 상황(정리, 발표, 공유)일 수도 있다. 자기가 가진 지식을 여러 형태로 노출하는 과정을 거치면 지식을 완전히 자기 것으로 만들 수 있다.

- **TROUBLE**(토론)

일과 관련된 프로젝트를 돕기 위한 학습, 경험, 관찰, 공유 등 모든 것이 지식 획득의 과정이다. 이것은 문제를 푸는 과정에 한쪽으로 쏠림을 막고 균형된 관점을 가지게 해준다. 다양한 루트를 통해 획득한 지식은 일하는 과정의 복잡함을 단순화시킬 수 있다. 단순화되기 전까지는 복잡함과 혼란, 그리고 다른 사람 또는 다른 지식과의 이견 조정 과정을 반드시 거쳐야 한다.

세 개의 스킬 중에 자기가 강한 것이 있고, 자기가 약한 것이 있을 것이다. 조직에서 성장하기 위해서는 자신이 약한 부분에 대한 보완할 대책을 세워야 한다. 그것이 해결되지 않고 책임자에 임명되었을 때는 이미 실패가 예견된 것이다.

POINT. 3개의 지식 영역에 대해 자신을 진단해 보고, 보완 계획을 세우자.

04

당신의 과업(課業)은?

"당신의 과업(課業)이 무엇입니까?"라는 질문을 하면 과업이라는 단어조차 모르는 경우가 많다. 누군가가 나에게 같은 질문을 한다면 이 글을 쓰는 나도 '나의 과업은 무엇이다'라고 선뜻 대답하기 어렵다. 그만큼 과업을 정의하기가 어렵다. 피터 드러커 교수가 조직원의 생산성을 단기간에 크게 올릴 수 있는 것 중에 하나를 '과업의 정의'로 들었다.

과업이란?

피터 드러커 교수는 '목표를 달성하는 것'이 곧 '지식 근로자의 과업'이라고 하였다. 즉 '목표를 달성한다(to effect)는 것'과 '과업을 완수한다는 것(to excute)'은 같은 것이라고 하였다. 그런데 여기서 이 정의에 의문이 생길 수밖에 없다. 왜냐하면 조직에서 몸담은 사람들은 기본적으로 자기가 달성해야 할 목표가 있기 때문이다. 그러므로 '과업의 정의를 잘하라'고 하는 이야기는 목표가 있는 조직(개인)에는 이해가 안 될 수도 있다. 그 목표가 어디에 근거했는가를 살펴보면 과업이 잘 정의되었는지를 알 수 있다. 아래의 3가지 조건을 충족시킬 때 과업이라고 할 수 있다.

첫째는 '고객(Custumer)'이다.

피터 드러커 교수는 《자기 경영 노트》라는 책에서 과업을 간호사의 예를 통해 설명하였다. 간호사의 과업을 환자에게 주사를 놓고, 약을 주는 사람에서 환자의 회복을 돕는 사람으로 과업을 재정의하자, 기능적인 활동에서 진심으로 환자에게 관심을 두는 가치적인 행동으로 바뀌어 환자의 회복이 빨라지게 되었다는 것이다. 과업은 나의 고객을 아는 데서 출발한다(Know your custumer). 과업은 고객의 불편을 해결해 주는 것이다. 당신이 열심히 일하고 있다고 하지만 고객을 만족하게 하는 일이 아니라면 바로 그 일을 그만두어야 한다.

당신은 아래 질문에 바로 답을 할 수 있어야 한다.

- **누가, 어디서, 무엇 때문에 당신을 원하는가?**

- **당신은 고객에게 도움을 주는 일을 하고 있는가?**

둘째는 '공헌(貢獻, Constribution)'이다.

공헌하지 못하는 과업은 과업이 아니다(Focus on the contribution). 과업은 반드시 성과를 내야 한다. 즉 돈을 벌어야 한다. 성과를 내는 방식은 조직에 필요한 시스템을 만들고 사람을 남기는 것과 연결되어야 한다. 사실 질이 좋아지지 않고 가치를 훼손시키면서 단기적으로 성과를 올릴 수 있다. 이렇게 성과를 낸 것을 공헌이라고 하지 않는다. 매출은 좋아지지 않는데 비용(사람)을 줄여서 수익을 올리거나, 출혈 행사를 통해 매출을 올릴 수 있다. 그렇게 될 경우 직원들은 일이 많아져 몰입도가 떨어지거나 브랜딩을 훼손시켜 장기적으로 비즈니스가 손상을 입는다.

당신은 아래 질문에 바로 답을 할 수 있어야 한다.

- **당신의 과업은 조직의 성과에 기여하고 있는가?**

- **당신의 결과물은 영속하는 시스템과 사람에 대한 것인가?**

셋째는 '차별화(Differencing)'다.

차별화는 다른 사람도 할 수 있는 일은 과감히 위임하고 '나만 이 할 수 있는 일'을 하는 것을 말한다(Work with strengths you have). 조직은 항상 다른 사람의 결과물을 받아 내가 완성하여 다른 사람에 넘겨주는 구조로 되어 있다. 이 말은 다른 사람과 나의 과업의 연결성을 잘 이해하고 적시 적절하게 결과물을 남겨야 한다는 의미이다. 결과물은 넘길 때 다른 사람도 할 수 있는 것이 아닌 나만의 강점으로 기여할 수 있는 차별화된 것이어야 한다. 그러므로 그러기 위해서는 자신이 정말 잘하는 것이 무엇인지를 잘 찾아야 한다.

당신은 아래 질문에 바로 답을 할 수 있어야 한다.

- **당신의 지식과 능력을 잘 활용할 수 있는 곳은 어디인가?**

- **당신이 다른 사람과 구별된 차별화된 강점은 무엇인가?**

과업을 잘못 정의하여 고객과 상관없이 내부 효율만 추구한다

고객이 원하는 것은 수시로 변한다. 성과를 내는 조직일수록 소비자가 원하는 니즈를 긴장하여 바라보고 잘 캐치하는 시스템이 있다. 그리고 업무의 수준이 높다고 하더라도 고객에게 도움이 되지 않고 성과가 나지 않는 일들은 과감히 없애 버린다.

일전에 리테일의 한 매장을 지나가는데 고객의 클레임이 들려왔다. "제발 친절하려고 하지 말고 내가 원하는 상품을 가져다 달라고요." 왜 이런 문제가 발생하나 봤더니 이 매장은 판매사의 과업을 '접점에서 서비스를 최대한 잘 제공하는 것'이라고 정의한 것이었다. 고객이 원하는 것은 접점에서의 친절한 서비스가 아니라 '필요한 상품을 제때 사 가는 것'이었다. 이 조직은 고객의 니즈와 상관없이 접점에서 서비스의 수준을 올리기 위해 많은 교육을 했을 것이다. 다행히 나중에 판매사의 과업을 매장 진열대의 결품을 없애는 것으로 재정의하였다. 과업이 바뀌니 '과업을 수행하는 장소와 행동'도 바뀌게 된다. 매장의 매출이 상당히 올라가게 된 것은 당연한 일이다.

과업을 제대로 정의하지 않으면 효과와 상관없이 효율만 높이는데 자원을 쓰는 일들이 흔하게 발생한다. 과업은 '고객의 불편을 해결하기 위해 나만이 제공할 수 있는 가치'임을 명심하자. 같은 일에 다른 사람과 중복되지 않도록 자신이 가진 강점으로 성과를 내자.

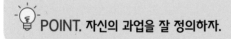

POINT. 자신의 과업을 잘 정의하자.

05

우선순위 제목을 제대로 찾자

직장 생활을 하면서 어려운 것 3가지가 무엇이냐고 물어본다면 그중의 하나는 '우선순위 제목 정하기'가 들어갈 것 같다. 직장에서 자기가 할 일의 우선순위 제목을 정하기는 쉽지 않다. 우선순위 제목만 잘 잡아도 50%는 성공했다고 한다. 결국 1~2개의 우선순위 제목을 어떻게 정하고 집중하느냐에 성과가 결정이 난다. 항상 조직의 자원은 부족하게 되어 있다. 전략적이지 않은 너무 많은 제목은 자원의 분산과 낭비를 가져와 성과가 나지 않을 뿐 아니라, 오히려 조직을 힘들게 할 뿐이다.

우선순위 제목을 정하는 3가지(시장, 고객, 자사) 원리

우선순위 제목을 어떻게 정해야 할까? 나는 일을 하는 과정에 난관에 부딪히면서 여러 형태로 필요한 제목들을 찾았다. 그러다 보니 제목을 찾는 방법은 아주 다양하다. 내가 업무를 하면서 제목이 찾아진 유형들을 살펴보면 '측정, 숫자, 고객 조사, 고객이 반복해서 표출하는 불만, 과업 재정의, 현장, 기존 지식 제목, 예기치 못한 일' 등이다. 이 유형들은 세 개의 원리로 요약이된다.

첫째, 고객이 반복해서 이야기하는 불만을 캐치하라.

고객들은 불만이 많다. 그런데 그중에서도 반복해서 이야기하는 불만이 있다. 그리고 고객들이 반복해서 이야기하는 불만 중에서도 오랫동안 해결되지 않는 불만들이 있다. 그것이 우선순위 제목이 될 가능성이 크다.

둘째는 세계(시장) 최고를 벤치마킹하라.

시장에는 혁신(이전에는 전혀 없던 고객이나 시장을 창출하는 것)이나 생산성[日新又日新, 전보다 더 잘하는 것] 부분에서 자기보다 잘하는 곳이 있다. 그러므로 부족을 해결할 수 있는 제목이 이미 시장의 NO.1에는 있다. 그러므로 그들을 분해하여 제목을 찾을 수 있다. 도요타의 부사장이 미국의 세븐일레븐 편의점에서 '칸반(Kanban, 看板)'을 생각했다는 사례가 있다.

셋째는 자사의 일하는 과정의 불만족을 캐치하라.

성과는 결국 조직의 역량과 프로세스(일하는 방식)에 비례해서 나온다. 역량이나 프로세스(일하는 방식)의 수준이 떨어지면 그것을 해결하는 것이 제목이 될 수 있다.

우선순위 제목이 나오기 전에 먼저 큰 그림이 있어야 한다. 큰 그림이란 쉽게 말해서 멀리 내다보고 각 조직이 시점별로 달성해야 할 양적, 질적 목표와 그 목표를 달성할 전략, 조직과 사람, 시스템(인프라), 제도와 관련된 제목 등을 담는 것을 말한다. 큰 그림이 없다면 조직이 어디로 가야 하는지 방향이 없는 것과 같다. 그리고 우선순위 제목은 한마디로 큰 그림을 달성하기 위한 전략(목표를 달성할 수 있는 수단으로 강력한 아이디어가 있어야 함,선택 및 포기)이라고할 수 있다.

우선순위 제목이 맞는다는 것을 어떻게 검증할 수 있는가?

우선순위 제목이 맞는다는 것을 검증하기 위해서는 어떤 관점들이 필요하다. 그 관점은 바로 '우선순위 제목은 반드시 큰 성과와 연결되어야 한다'는 것이다. "이 제목을 달성하였을 때 어떤 결과가 일어날 것인가?"라는 질문을 해보자. 그 질문에 큰 성과(큰 숫자, 고객의 불편 해결)와 연동이 되지 않을 것 같으면 그 제목은 우선순위 제목이 아닐 가능성이 높다.

성과와 관련하여 피터 드러커 교수는 혁신과 생산성을 이야기했고, TOC의 창시자인 엘리 골드랫 박사는 매출 총이익, 재고, 비용을, GE의 잭 웰치는 현금을 강조하였다. 이 세 사람의 관점을 묵상하면 결국 같은 점에서 만나는 것을 알 수 있다. 매출 총이익이 늘어나고 재고가 감소하고 비용이 낮아지면 결국 돈을 벌 수 있다. 통상 기업에서 매출을 올렸다고 해서 손에 돈이 쥐어지는 것은 아니다. 만약 원가가 높거나 재고가 늘어나거나 비용을 많이 쓰면 매출과 상관없이 돈은 벌려지지 않는다. 이익도 마찬가지이다. 혁신과 생산성을 통한 이익이 아닌 경우 그 이익은 단기에 그칠 수밖에 없다. 혁신은 고객과 매출과 관련된 지표를 움직이나 영속해서 수익을 내는 것은 생산성 없이는 불가능하다. 그러므로 우선순위 제목은 반드시 매출, 수익, 고객과 관련된 부분에 혁신과 생산성을 끌어올려 이바지할 수 있는 제목이어야 한다. 이 관점에서 제목을 찾고 검증하는 질문을 하여야 한다.

우선순위 제목인지를 검증하는 직관(直觀, intuition) 질문

앞에서 다룬 성과 관점 이외에 아래와 같은 직관 질문으로 제목을 잘 잡았는지 판단해 볼 수 있다.

- **큰 목표(양적, 질적)를 이루기 위해 뿌리를 건드리는 제목인가?**

- **한 가지 제목만 집중하더라도 너무 힘들어 보여 회피하고 싶은 제목인가?**

- **미래의 큰 기회를 줄 수 있는 제목인가?**

- **모든 밸류 체인(Value chain, 조직의 성과와 연결된 기능)이 합심해야 해결할 수 있는 제목인가?**

- **80%의 성과를 가져오는 20%에 해당하는 제목인가?**

- **고객들이 반복해서 이야기하는 불만을 해결하는 제목인가?**

통상 큰 성과를 내는 제목들은 모든 기능이 협업하여 힘을 합쳐야 하는 제목들이다. 그러므로 우선순위 제목은 원팀(One-Team)으로 프로젝트로 해결해야 한다. 결국 프로젝트의 성패는 제목을 잘 잡는 것, 그 제목이 이루어졌을 때의 성과를 잘 정의하는 것, 그리고 그 프로젝트를 수행할 수 있도록 조직화(역량 있는 프로젝트 메니져 세우기+원팀 구성)하는 것, 실행 과정에 모니터링과 피드백 환

229

경을 구축하는 것이라 할 수 있다.

　나는 일을 할 때 제목이 제대로 정해지지 않으면 통과될 때까지 실행을 보류한 적이 많았다. 늦게 시작하더라도 잘못된 제목으로 출발하는 것보다 낫기 때문이다. 여러 사람과 협업하여 프로젝트를 진행할 때 내가 맡은 것이 그 제목을 달성하는 데 기여하는 우선순위인지 항상 질문하는 습관을 들이자. 한 가지 우선순위에 집중하여야 성과가 난다.

POINT. 당신의 우선순위는 무엇인가? 그것은 어떻게 나온 것인가? 그것이 맞다는 것을 어떻게 알 수 있는가? 우선순위를 제대로 찾고, 맞는지 확인하는 습관을 가지자.

06

제목을 쪼개서 실행하라

디어도어 루빈은 "큰 목표일수록 잘게 썰어라."라고 하였다. 그런데 쪼개는 방법에도 지식이 필요하다. 잘 쪼개서 실행하여야 결과가 나올 가능성에 가까워진다. 잘게 쪼개면 자원의 분산을 막고 집중을 통해 실행의 수준을 높일 수 있다.

큰 제목을 작은 제목으로 쪼개라

제목은 직관과 가설에 의한 '연역적(演繹的, deductive)인 방법'과

231

작은 제목을 모아 큰 제목으로 만드는 '귀납적(歸納的, inductive)인 방법'으로 만든다. 이 두 가지 방법을 병행하면 제목의 수준을 높일 수 있다. 이렇게 찾아진 제목은 실행을 제대로 하려면 쪼개야 한다. '제목을 잘게 쪼갠다는 것'은 '시간의 크기를 쪼개는 것'과 같은 의미이다. 큰 단위의 제목을 가지고는 바로 실행이 어렵고, 서로 나누어 맡기가 어렵다. 큰 제목에서 중간 제목, 중간 제목에서 작은 제목으로 나눈다.

목표를 관리하는 단위는 3개월이 좋다. 3개월 단위로 끊는 이유는 프로젝트 제목이 제대로 움직이도록 집중하는 적절한 기간이기 때문이다. 3개월 단위의 목표는 중간이나 작은 제목을 실행해야 달성할 수 있는 목표일 것이다. 제목에는 숫자와 질적으로 전진했다는 것을 알 수 있는 KPI(Key Performance Indicator, 핵심 성과 지표)와 결과물이 포함되어야 한다.

이젠 실행이다. 분기 단위 목표를 실행할 수 있도록 쪼갠 주간 실행 계획이 필요하다. 제목을 쪼개고 쪼개고 그리고 맨 마지막까지 쪼갠 제목을 실행하여 주간 단위로 결과물이 나올 수 있는 상태로 정리한 것이 주간 실행 계획이다.

일주일의 시간 가치를 소중히 여겨야 한다

제목, KPI, 결과물, 주간 실행 계획을 모두 정렬하고 짧게 실행하여야 한다. 용감하게도 6개월 이상의 주간 실행 계획을 작성한다면 그것은 시간 낭비이다. 이것이 유용하지 않은 이유는 제목의 완성도가 높지 않거나, 제목이 바뀔 경우에는 주간 실행 계획은 변경되거나 폐지될 수밖에 없기 때문이다. 사실 주간 실행 계획은 프로젝트를 실행하기 위해 실행 계획을 세부적으로 '쪼개는 개념' 이외에 '수준을 높이기 위해 따로 하나 더 나누어서 실행하는 데 필요한 것'이라고 할 수 있다. 이 말은 하나하나가 실행될 때마다 수준이 올라가고 어느새 제목이 달성된다고 할 수 있다. 주간이 쌓이면 월 결과물이 나오고, 월을 달성하면 분기 결과물이 나온다.

계획의 완성도가 높아지면 실행이 훨씬 수월해진다. 그러나 계획의 완성도를 높인다는 것이 어렵기에 계획과 실행의 롤링(rolling, 계획과 실행을 반복하며 완성도를 높임) 작업을 통해 계획의 수준도 높이고 실행도 잘되게 하는 방법도 있다. 그러나 제목을 잘못 찾았거나 책임자와 팀이 세워지지 않은 상태에서는 아무것도 할 수 없다. 계획의 완성도도 속도감 있게, 그리고 실행도 속도감 있게 하면서 결과물들을 만드는 길 이외는 답이 없다.

> POINT. 3개월 단위의 목표에 집중하되, 주간 단위까지 쪼개서
> 실행 계획을 짜라.

07

자신의 성과를 측정하라

모든 조직은 조직원들에게 성과로 '자기 증명'을 할 것을 요구한다. 그것은 성과를 내지 못하는 사람은 그만큼 직장 생활이 힘들어진다는 것을 의미한다. 냉혹한 현실이다. 조직마다 개인의 성과를 어떻게 평가할 것인가? 이에 대한 고민들이 있어 왔고, 그러다 보니 성과 측정이라는 말이 생겨났다. 무엇이 성과인가? 규정하기가 쉽지 않다. 성과를 잘 규정하고 측정해서 관리하면 성과에 도달할 수 있지만, 잘못된 성과 측정은 오히려 안 하는 것보다 못하다. "측정되는 것은 관리될 수 있다."라고 한 피터 드러커 교수의 말은 '측정하지 않으면 현재의 수준을 알 수 없고 개선할 수 없다'고 해석할 수 있다.

성과 측정 사례

우선 성과 측정에 대한 이해를 돕기 위해 필자가 외식사업부 본부장일 때 한 매장에서 경험한 사례를 예로 들고자 한다.

당시 P라는 브랜드를 재론칭하여 명동에서 가장 번화한 곳에 4층 규모의 큰 매장을 오픈하였다. 그런데 예상한 것만큼 매출이 오르지 않았다. 투자한 것에 비해 매출이 나오지 않아 고민이 컸다. 한 달에만 적자가 몇천만 원씩 났다. 현장 지점장에게 "왜 매출이 안 나오죠?"라고 물어보았다. 현장 지점장은 "손님이 많이 입점하지 않아요."라고 답하였다.

그런데 명동에서도 A급에 위치한 매장에서 손님이 없다? 의문이 들었다. 그래서 입점하는 고객 수를 스톱워치로 직접 측정해 보았다. 실제로 측정해 보니 입점하는 고객 수가 생각보다 많다(사람들이 양과 관련하여 측정하지 않고 직관으로 말하는 것은 상당 부분 맞지가 않는다).

그런데 왜 매출이 안 나오지? 당시 P 브랜드는 패스트푸드로

음식이 빨리 나가도록 설계되어 있었는데 고객들을 관찰해 보니, 음식이 제시간에 나가지 않아서 주문을 하지 않고 그냥 나가는 것이었다. 음식이 나가는 시간을 재보니 기준보다 너무 늦게 음식이 나갔다. 그래서 음식 제공 속도를 당기는 프로젝트를 해서 해결했더니 이탈 고객이 줄어들어 매출이 늘어나면서 매장의 적자가 단번에 해결되었다. 이후 동반 고객 수나 회전율, 재방문율 같은 지표들을 측정하면서 매장 회전율을 경이적으로 높였다.

측정이 없는 관리는 존재하지 않는다

조직은 고객의 불편을 해결하거나 가치를 제공하기 위한 활동만이 존재해야 한다. 고객이 원하는 것을 해결하기만 하면 성과는 자동으로 따라오게 되어 있다. 위 사례에서 점장의 성과는 매출과 이익이다. 그런데 매출과 이익은 고객이 원하는 것을 해결해 주지 않고는 얻을 수 없다. 고객이 분위기 좋은 식당에서 대기하지 않고 맛있는 음식을 드시게 하려면, 점장은 맛과 서비스를 측정하고 음식이 나가는 시간, 좌석점유율 등을 관리하면 된다. 그러면 최종적으로 고객 만족 지표인 회전율이나 재방문율이 올라갈 수밖에 없다. 성과는 고객 만족 지표들이 움직인 것으로 평가받아야 한다. 그런데 그렇지 않은 경우가 너무도 많다.

측정은 무엇을 하는 것인가?

현재 얻고 싶은 것의 가장 영향을 미치는 대상(요인)이 무엇인지를 파악하고, 그 대상(요인)의 과정이나 결과를 측정한다. 사람이라면 사람의 행동이 측정 지표일 수 있고, 사람을 통한 어떤 대상의 수준을 알기 위한 것이 측정 제목일 수 있다. 기계일 경우는 그 기계가 내는 퍼포먼스의 결과에 따라 그 수준을 파악할 수 있다. 기계의 퍼포먼스 측정과는 달리, 사람의 행동은 결과에 영향을 미치는 인과관계가 있기에 선행 지표로서의 큰 의미를 갖는다.

측정하기 위해서는 측정의 구조를 알아야 한다. 크게는 양과 질이다. 과정이나 결과의 측정은 양/효율성, 질/효과성, 비용으로 나타난다. 양은 최종적으로 숫자로 나오는 것이다. 자원의 투입 이후에 결과로 나온 숫자로 계량화가 가능한 것들이다. 양을 나타내는 개념으로는 '효율'이 있다. 효율은 목표를 달성하기 위해 사용된 자원의 양을 나타낸다. 매출이나 이익 같은 것들이다. 질은 양을 얻기 위해 투입한 자원의 활동 결과물이 잘 나왔는지를 의미한다. 질을 나타내는 개념으로 '효과'가 있다. 효과는 목표를 잘 달성했는가를 의미한다. 측정은 양적인 것과 질적인 것이 다 포함될 수 있다. 측정을 잘하면 측정 결과를 통해 인사이트(Insihht, 통찰)를 얻을 수 있고, 그것은 강력한 프로젝트 제목이 될

237

수 있다. 측정을 잘하려면 측정 계획을 세워야 한다.

"측정하지 않으면 경영할 수 없다."라는 피터 드러커 교수의 말을 묵상해 보면 측정의 결과들이 경영을 하는 데 유용하게 쓰인다는 뜻으로 해석이 된다. '측정되어야 완료된다'는 말과도 연결 지어 생각해 볼 수 있다. 회사는 물론 일상에서 나의 고객은 누구인가? 그 고객이 원하는 것이 무엇인가? 그것을 측정하고 해결하자! 측정할 것이 많겠지만, 고객과 관련된 측정 지표에 집중하여 측정하고 실행하자. 놀라운 결과가 나올 것이다.

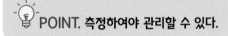 POINT. 측정하여야 관리할 수 있다.

08

실시간으로 모니터링(Monitoring)하라

나는 1년에 한 번씩 정기적으로 건강 검진을 받는다. 검진 시 갑자기 검사를 하는 항목은 없고 무엇을 검진하겠다는 것이 사전에 계획되어, 그 순서대로 검사받는다. 건강 검진은 검진 자체가 목적은 아니고, 개인의 건강을 정확하게 진단하고 진단한 결과를 가지고 관리하기 위한 것에 있다. 검사를 받는 동안 여러 도구의 도움을 받는다. 가령 각종 기계로 검사를 받고, 기계로 측정할 수 없는 것은 문진표를 작성해야 한다. 혈액, 소변, 대변 등을 통한 검사도 이루어진다. 그러니까 건강을 파악하기 위해서 쓸 방법은 모두 사용된다. 검사 단계마다 전문가가 있고, 검사가 끝나면 검사 결과를 가지고 전문가의 1차 피드백을 받는다. 정확한 진단은 모든 결과가 나온 이후에 이루어진다. 항목별 어떤 상태인지 평가되고, 만약 이전보다 수치가 나쁘게 나왔거나 위험 요소가 발견되면 일정 기간이 지난 이후에 재검을 받거나 간호사에 의해 수시로 지켜야 할 것들을 추적 관리 받는다.

건강 검진의 예를 통해 모니터링에서 다루어야 할 요소를 열거해 보았다. 모니터링이란 어떤 결과를 개선하기 위해 상태를 관찰하고 평가하는 과정이라 할 수 있다. 쉽게 말하면 감시하는 것이다. 건강에 문제가 있는 사람이 건강 검진을 안 한다면 건강 상태를 알 수 없다. 혹은 검사 결과가 있더라도 어떻게 수치가 변화되는지 모니터링 안 된다면, 결국에는 건강이 안 좋아질 수 있다. 그러므로 건강 검진을 할 사람이 건강 검진을 했는지, 건강 검진 결과가 나왔는지, 이전과 비교되어 보이는지, 본인한테 피드백이 되었는지, 그 결과 피드백 받은 사람이 개선 활동을 하는지, 그래서 추이가 어떻게 되는지를 지켜봐야 한다.

모티터링이 성공하기 위해서 중요한 4가지

첫째, '모니터링하는 목적과 대상'을 분명히 하여야 한다.
무엇을 모니터링할 것인지를 정확히 정의하여야 한다. 목표를 달성하는 데 있어서 꼭 필요하고 중요한 프로젝트가 전진하고 있는지, 그리고 고객의 불편 사항이 해결되는 것을 모니터링한다. 당신과 당신이 속한 조직이 모니터링하여야 할 것은 무엇일까? 그리고 그것을 하는 이유는 무엇일까?

둘째, '행동을 하게 하는 모니터링 도구'가 있어야 한다.

모니터링은 도구 없이는 불가능하다. 앞서 예로 든 문진표와 검진 기계를 통해 나온 결과를 볼 수 있다. 평가표와 과거 검사 데이터와 비교한 개인의 건강 추이 등이 도구에 해당한다. 평가표에는 개인 건강 상태를 양호, 관찰, 개선, 즉시 치료 등으로 평가해 주어 무엇을 해야 할지 알 수 있다.

셋째, '모니터링을 할 수 있는 사람'이 있어야 한다.

건강 검진을 하는 단계마다 검사를 해주는 전문가가 있고, 그 결과를 해석해 주는 의사와 관리해 주는 간호사가 있다. 결국 도구 못지않게 모니터링을 관리할 수 있는 사람이 중요하다. 모니터링의 설계뿐만 아니라 실제 모니터링을 하는 전담자를 세워야 한다. 최근에 영어로 된 성경을 하루에 몇 구절씩 외우기 시작했다. 그런데 그 진도대로 나가는지 안 나가는지를 봐주는 사람이 있다. 그 사람이 나의 진도를 들여다보기에 어쩔 수 없이 한다. 아주 강력한 시스템이다.

넷째는 '시점 관리'가 되어야 한다.

건강 검진의 시점을 놓치거나 좋지 않은 수치가 관리가 안 되어 더 나빠지면 아주 위험한 상황까지 올 수 있다. 어떤 사업부의 실적 추이가 안 좋아질 때 경고를 보내면 잘 대응한 곳은 사업을 존속할 수 있었지만, 그렇지 않은 사업부는 브랜드를 접는 상황까지 간 적이 있다. 모니터링은 경영의 활동을 감시하지만, 결국 큰 눈으로 볼 때 그래프가 꺾이기까지 인식을 못 하는 어리석을 방지하는 시스템이다.

모니터링을 나에게 적용해 보자. 목표로 하고 있는 것들이나 하고 있는 일에 대해 시점별로 도달해야 하는 숫자나 결과물을 정리하고, 그 값이 바뀌는 것들을 실시간으로 드러내 보자. 드러내는 방식은 일부러 찾아서 보지 않더라도 저절로 눈에 잘 띄도록 하는 방법-가령 잘 보이는 곳에 붙이거나 노트북을 켤 때마다 화면에 보이도록 하는 등-이 좋을 것 같다. 때로는 어떤 것들에 대해 진행되는 것들을 가까운 사람들에게 들여다보도록 부탁하는 방법도 있다. 모니터링을 하면 실행과 의사 결정의 품질을 높일 수 있다. 귀찮고 부담이 되지만 안 할 이유가 없다.

POINT. **목표로 한 것이 제대로 되고 있는지 알 수 있는 모니터링 판을 활용하자.**

09

시스템으로 일하기

　종종 "시스템으로 일해야 한다."라는 얘기를 듣는다. 여기서 '시스템으로 일한다'는 것은 무엇을 의미할까? 나는 시스템이라는 단어의 정의를 '프로세스상의 버그를 최소화하거나 프로세스의 효과나 효율을 높이기 위해 일하는 방식을 지원하는 것'이라고 하고 싶다. 조직에서 어떤 문제가 반복되어 발생한다면, 일하는 방식에 어떤 오류가 있다고 할 수 있다. 좋은 시스템은 많은 사람의 불편을 단번에 해결해 줄 수 있다. 시스템은 프로세스상에서 사람들이 놓치기 쉬운 것을 구조화하거나 조직화한 산물이다. 뛰어난 리더들은 항상 시스템을 생각한다. 리더가 보직을 마친 후의 업적 평가에 사람과 관련된 것(후계자가 있거나 사람들을 양성한 것 등) 못지않게 중요한 것이 '시스템을 남겼나'이다.

아래의 2개의 사례를 통해 시스템이 무엇인지 구체적으로 알아보자.

시스템의 예

내가 그룹의 인사 총괄 임원으로 근무할 때 직원 채용과 관련해 고민에 빠진 적이 있었다. 당시 채용 시스템은 우리 회사의 인재상이나 직무에 적합한 사람을 뽑는데 완전하지 않다고 판단했다. 이러한 고민을 시작으로 연구한 끝에 '인재 판별기'라는 시스템을 개발하게 되었다. 각 직무에서 뛰어난 성과를 내는 사람들이 지닌 인자(DNA)들이 무엇인지를 각종 조사 도구를 통하여 찾아냈고, 이렇게 모아낸 데이터를 정보화하여 종합적으로 판단할 수 있는 시스템을 개발하였다. 이 시스템에서는 지원자의 직무 적합 여부는 물론, 성장 가능성까지 파악할 수 있어서 회사가 원하는 인재를 실수 없이 뽑을 수 있게 되었다. 아울러 채용에 걸리는 시간을 단축할 수 있게 되었고, 사전에 검증이 끝나 면접에 참여하는 인원을 최소화할 수 있게 되었다.

또 하나의 예는 외식 본부장으로 있을 때, 아이템 개발을 위한 일본 출장 중 방문한 '스시로'라는 일식 초밥집에서의 일이다. 스시로는 매장에서 직접 재료를 손질해 신선도를 유지하므로 원가가 꽤 나갔지만, 높은 매출과 이익을 유지하고 있었다. 팔리는 양만큼만 만들어 버려지는 양을 최소화하는 회전초밥 종합 관리 시스템이 있었기 때문이다. 회전 레인에 설치된 센서와 접시에 부착된 칩이 메뉴별 판매량과 잔량을 실시간으로 파악하고, 그 데이터를 주방에 설치된 공급 지시 시스템 전달하여 메뉴별로 그때그때 만들어야 하는 양을 결정한다. 그리고 당일 판매되거나 폐기된 수량을 상세히 기록하여, 고객이 원하는 아이템별 다음날 판매량을 예측하여 자재를 적당히 구매하게 한다. 이 매장은 이러한 시스템에 의해 정확히 관리가 되므로 근무 인원이 많이 필요치 않을 뿐더러, 경험이 부족한 직원도 여러 상황에 대해 적절한 대응이 가능하였다. 맛과 원가, 재고 관리를 동시에 다 잡은 것이다.

시스템에 담겨야 할 것

위의 예를 통하여 시스템에 담겨야 할 것이 무엇인지를 살펴보자. 크게 '프로세스 설계', '룰의 정의와 이행', '도구 개발 및 IT의 연결', '실행 과정의 피드백'이다.

첫째는 '프로세스 설계'이다.

프로세스란 '일하는 방식'을 말한다. 시스템을 구축하기 위해서는 먼저 프로세스를 그려 보는 것이 가장 중요하다. 프로세스를 그리는 방식에는 기존의 문제를 다 드러내고 문제가 제거되도록 프로세스를 보완하는 방식과, 처음부터 기존의 것을 무시하고 고객 관점에서의 프로세스를 새로 그려 보는 연역적인 방법도 있다. 둘 다 사전 정의한 프로세스의 목표를 해결할 수 있어야 한다. 앞서 본 스시로의 사례에서는 고객이 만족할 수 있는 스시 제공 프로세스를 구축하였다.

둘째는 'Rule의 정의와 이행'이다.

일하는 과정에서는 다른 부서나 사람과의 소통이 이루어진다. 소통은 내가 하고 싶은 대로 하는 것이 아니라 사전에 정의된 약속대로 이행하는 것이어야 한다. 스시로의 경우 비용은 절감하면서 고객에게 맛있는 스시를 제공하기 위해 자재 조달부터 아이템 개발, 재고 및 판매 관리까지 관련된 내부 부서와 협력 업체와의 많은 소통이 이루어진다. 이때 어떻게 행동할 것인지 정식적인 룰(매뉴얼)을 정해 놓고, 소통 과정에 구성원들은 이 룰을 지켜야 한다. 이를 다른 말로는 표준화(標準化)라고 한다. 룰을 정의하고 그것대로 이행하면 사람들과의 갈등, 자원의 낭비를 최소화할 수 있다.

셋째는 '도구 개발 및 IT의 연결'이다.

앞에서 예로 든 채용을 위한 도구를 만들기 위해서는 직무별 적합한 요소를 정하고, 요소와 관련된 데이터들을 연결해서 볼 수 있는 프레임이 필요했다. 또한, 이 프레임 안에 요소의 값이 프로그램에 의해 나올 수 있도록 IT로 연결하였다. 스시로의 경우도 모든 접시에 IC칩(도구)을 부착하고 메뉴별 판매 추이가 파악될 수 있는 IT 프로그램을 개발해 활용하였다.

넷째는 '실행 과정의 피드백'이다.

큰 시스템 안에는 다수의 작은 시스템이 있다. 교향악단에서 지휘자가 여러 악기를 잘 섞어 조화로운 연주를 완성해 내기까지 어쩌면 악기는 소음에 불과하다. 그러므로 모든 작은 시스템은 전체 시스템에서 연결될 때만이 의미가 있으므로 서로 피드백을 통해 목적에 맞게 시스템의 완성도를 높여야 한다. 앞에서 예로 든 '인재판별기'가 핵심인재를 제대로 확보하는 도구인지를 피드백함으로서 해당 조직의 인재상이 완성되는지를 확인할 수 있다.

프로세스는 '프로세스 도구'보다 '프로세스 설계'가 우선이다

요즈음 직장에서 프로세스를 관리하는 시스템들을 많이 사용하고 있다. 이 시스템들은 정보 공유나 소통, 부분적으로 일의 결과물을 확인할 수 있는 시스템이다. 이런 시스템이 제대로 작동

하려면 프로세스 목표를 달성할 수 있는 프로세스 설계도가 있어야 하고, 이 프로세스대로 작동될 수밖에 없는 컨디션이 충족되어야 한다. 물론 단일 프로젝트는 이런 시스템을 통해 귀납적으로 프로세스의 버그들을 잡아 나갈 수는 있지만, 전체 조직 관점에서 프로세스를 잡기는 한계가 있다. 이 시스템 내에서는 근본적인 병목 - 가령 사람이나 조직 역량의 문제, 매출을 더하기 위한 전략, 그것을 운영하기 위한 시스템 등 - 이 잘 드러나지 않는다. 부문 최적화가 되지 않으려면 프로세스 관리 도구의 사용 이전에 큰 프로세스의 설계가 전제되어야 한다.

시스템을 만들 때의 유의점

시스템은 만들어지는 것 자체가 목적이 되어서는 안 된다. 실제로 쓰일 수 있는 시스템이어야 한다. 따라서 시스템을 만드는 과정에 사용자로부터 반드시 검증을 받아야 한다. 관련자와의 공개 토론이나 실시간 공유를 통해 문제가 되는 것들을 미리 집요하게 잡아 나가야 한다. 회사에서 그동안 개발해 온 시스템 중에는 잘 활용되지 않는 것들이 많았다. 제도상에서 범용으로 사용되어야 시스템이라 할 수 있으므로, 한 번 만들고 끝나는 것이 아니라 고객의 니즈 변화에 따라 계속 보완되고 거듭나야 한다. 최종적으로 사용자가 만족해야 함은 당연한 것이다. 시스템이 제대로 구축되면 조직원의 역량이 다소 떨어져도, 일정 수준 이상의 운영이 가능해진다.

　주변을 돌아보면 문제 되는 프로세스들이 너무 많다. 프로세스 개선이란 고객에게 가치를 제공하기 위해 일의 시작부터 마지막까지 일하는 방식을 바꾸는 것이다. 일하는 방식이 바뀌려면 시스템이 필요하다. 조직에서 운영되는 시스템의 특성을 잘 이해하고, 운영 과정의 오류들이 무엇인지를 잘 찾아보자. 오류들의 원인을 찾아보고 해결하는 데 기여해, 탁월한 직원으로 인정받자.

POINT. 시스템 구축 전에는 해결하여야 할 컨디션이 있다는 것에 주목하라.

10

최고의 의사 결정하는 법

　의사 결정은 곧 '경영'이다. 그만큼 중요하다. 우리는 의사 결정을 통해 크고 작은 성공과 실패를 경험한다. 불과 몇 개월 전 회사에서 어렵게 내린 의사 결정이 잘못되었다고 판명되면 이를 완전히 번복해야 하는 경우도 있다. 의사 결정을 다시 번복할 수도 있지만, 이미 막대한 피해를 입힌 것은 어떻게 하랴. 그만큼 의사 결정이란 어려운 일이기에 항상 여러 가지 측면에서 검토해 보아야 한다. 최근 잘한 의사 결정이 있었다면 그 근거는 무엇이었나? 반면 잘못된 의사 결정이 있었다면 그 원인은 무엇이었나? 지금 중요하게 결정해야 하는 사항이 있다면 무엇을 고려해야 하나?

잘된 의사 결정은 시간이 지나야 알 수 있다

사람들은 무언가를 판단할 때 자기도 모르게 착오를 일으킨다. 그 이유는 정보를 제대로 분별하거나 적용하는 데 종종 장애가 있기 때문이다. 가령 기억하기 쉽거나 자기가 선호하는 정보에 의존하는 경우, 일부의 데이터만 가지고 전체 특성을 추정하는 경우, 미래의 불확실한 상황을 하나의 상황에만 연결하는 경우, 같은 정보를 중복해서 여러 의사 결정에 사용하는 경우, 실제로는 아무 관계가 없는 요소들을 연관하여 판단하는 경우, 정보를 과대평가하는 경우가 있다.

의사 결정의 유형은 크게 일반적인 것과 예외적인 것으로 나뉜다. 일반적인 경우는 하나의 규칙(원칙)을 정해 의사 결정을 하면 된다. 그러나 대부분을 차지하는 예외의 경우는 좀 복잡해진다. 단순한 규칙만으로는 제대로 된 의사 결정을 내릴 수 없기 때문이다. 이를 해결하는 데 도움이 되는 질문들이 있다.

- **이 의사 결정의 목적은 무엇인가?**

- **이 의사 결정을 하는 데 우리가 알아야 할 것은 무엇인가?**

- **이 의사 결정을 위해 만족시켜야 할 요건은 무엇인가?**

이렇게 내린 의사 결정이 잘한 것인지 검증하기까지는 시간이 필요하다.

의사 결정에 도움이 되는 정보인지 확실히 구분하라

외식사업부 본부장일 때 '애슐리(ASHLEY)'라는 브랜드를 론칭하면서 잘못된 의사 결정으로 많은 시간과 비용을 낭비한 적이 있었다. 당시 여성 고객을 겨냥한 뷔페 형태와 풀 서비스 레스토랑 콘셉트를 놓고 고민하다가 지금의 뷔페 형태가 아닌 풀 서비스 레스토랑의 형태를 오픈하였다. 그런데 예상했던 매출이 제대로 나오지 않았고, 모든 준비 과정을 새로 하여 뷔페 형태로 브랜드를 다시 론칭할 수밖에 없었다. 애슐리 1호 매장은 로드숍이 아닌 인숍이었는데 아울렛 고객의 니즈(Needs)를 파악하지 못하고 일반 여성 고객의 니즈를 근거로 했기에 오류가 있었다. 당시의 아울렛 고객들은 불편하더라도(앉아서 서비스를 받지 않더라도), 맛있는 음식을 마음껏 먹고 싶은 니즈가 더 컸는데 이러한 니즈를 놓쳤다.

이처럼 조사 없는 정보나 개인의 주관적인 견해가 들어갈 경우에는 판단이 흐려질 수 있다. 그러므로 의사 결정 과정에는 정보 제공자의 영향력을 배제하고, 오로지 팩트(Fact)를 중심으로 결정을 내려야 한다. 특히 평상시 신뢰가 가는 사람의 의견을 전적으로 받아들이는 것에 주의하여야 한다. 아울러 과거와 비슷한 유형의 의사 결정이라도 환경이 달라지고, 고객이 달라졌으면 거기에 맞추어 의사 결정의 내용도 달라져야 한다.

의사 결정을 늦추는 것이 더 좋을 때가 있다

의사 결정을 늦추는 것이 더 좋을 때가 있다. 회사에서 중요 보직이 공석일 경우 적합자가 없다면 급하게 사람을 세우지 않는다. 적합하지 않은 사람을 세워 발생하는 문제보다 자리를 공석으로 뒀을 때의 리스크가 훨씬 작기 때문이다.

또 다른 예는 유통 점포의 MD(Merchandising의 약자) 구성에서도 찾아볼 수 있다. 어떤 업체가 퇴점하여 새로운 업체를 입점시켜야 할 때 A급 브랜드의 대안이 없으면, 빈 곳이 보기 흉하더라도 그냥 둔다. 브랜드의 가치가 떨어지면 전체 MD 구성의 수준이 떨어지기 때문이다. 우선 공간을 채우기 위한 목적으로 급하게 계약하면 계약이 종료될 때까지는 그 리스크를 안고 가야 한다. 과거에 상당히 큰 회사를 인수할 상황이 있었는데, 회사의 사정이 있어 의사 결정을 어쩔 수 없이 미룬 경우가 있었다. 그런데 그 사이에 인수하려고 했던 회사의 부실이 드러났고, 결과적으로 인수가 미뤄진 것이 다행인 상황이 되었다. 중요한 의사 결정일수록 충분한 시간을 두고 고민하여야 한다.

제대로 된 의사 결정을 하려면 생각하고 물어봐야 한다

최근에 어떤 제안이 들어왔다. 매력적인 자리였다. 그런데 옵션이 있었다. 그 옵션만 아니면 적극적으로 매달릴 정도로 좋은 자리였다. 옵션이 계속 마음에 걸렸다. 제안해 준 분에게 적극적으로 의사를 표현하지 않았다. 내 의지가 강하지 않으니 성사가 되지 않았다. 나중에 같은 직무를 수행하는 지인에게 물어봤다. 그 옵션은 부담되는 것이 아니라고 한다. 그리고 경험해 보면서 상황을 파악해도 늦지 않다는 의견을 준다. 이 케이스로 교훈을 얻었다. 의사 결정 전에는 반드시 생각하여야 한다. 거기서 나아가 내 생각에만 의존하지 말고 관련된 사람에게 반드시 물어보아야 한다. 모든 조건이 완벽하지 않더라도 본질이 좋으면 그 가치를 보고 의사 결정을 하여야 한다. 수업료를 치른 것이다.

개인적으로는 직장 생활 중에 가장 잘 내린 의사 결정은 나의 직무를 구매에서 유통으로 바꾼 것이었다. 그 당시 나의 직무 변경에 대해 많은 사람에게 물어보았다. 그들은 자신과는 직접적인 이해관계가 없다 보니 나에게 비교적 객관적인 조언을 해 주었다. 그들의 조언대로 유통 직무는 나의 강점과 잘 맞아 성과를 내고 성장을 할 수 있었다. 제공되는 정보가 왜곡이 없고, 내가 정보를 보는 관점에 선입견이나 판단상의 오류가 없을 때만이 좋은 의사 결정이 가능해진다.

큰 의사 결정을 앞둔 경우에는 객관적인 정보 획득에 최선을 다해야 하고, 정보를 바라보는 자신이 문제가 없는지 자신을 관찰해야 한다. 하지만 의사 결정에 근거가 되는 모든 정보를 완벽하게 분석했다고 하더라도 인간인 이상 때로는 실수는 피할 수가 없다. 그래서 많이 물어보고 생각해야 한다.

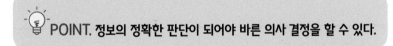

POINT. 정보의 정확한 판단이 되어야 바른 의사 결정을 할 수 있다.

11

의사소통 잘하는 법

첨단 기술의 기기들이 발달하면서 의사소통의 경로는 다양해졌고 속도는 빨라졌다. 이제는 시간과 공간의 제약 없이 다양한 사람들과 의사소통을 할 수 있게 되었다. 그렇다고 우리가 전보다 소통을 더 잘하고 있을까? 기술과 문명의 발전과는 별개로 여전히 많은 사람은 소통의 문제로 갈등을 겪고 있다. 소통은 소통 기술보다 정서적인 면이 더 중요하다. 일상생활 또는 일터에서 존경받는 사람들, 동료들과 조화롭게 일을 잘하는 사람들을 살펴보자. 기본적으로 그들은 제대로 소통하는 법을 아는 사람들이다.

소통 기술보다 관계나 태도가 중요하다

우리 주변 다양한 공동체에서는 관계가 깨져 소통이 안 되는 경우를 자주 볼 수 있다. 그렇게 관계가 틀어진 상대와는 사소한 대화조차 나누기가 어려워지게 된다. 그래서 새로운 일을 계획하거나 팀이 새롭게 만들어졌을 때는 일을 진행하기 전에 서로 가까워지는 시간이 절대적으로 필요하다. 같이 밥을 먹고 이야기를 나누는 등 서로를 알아 가기 위한 기회를 가져야 한다.

조직에서 갈등이 발생할 경우 일방적으로 한 사람에게만 책임이 있지는 않다. 나는 문제의 원인이 누구에게 있는지 판단하는 직관 지표로, 갈등의 이유를 나누는 과정에서 당사자들의 '태도'를 본다. 이전에 서로 갈등이 있었던 직원 두 명을 만나보았다. 한 사람은 자신의 문제는 전혀 인식하지 못하고 계속 상대방 탓만 하고 있었다. 같은 상황인데 다른 한 사람은 본인의 잘못을 시인하면서 겸손하게 상황을 받아들였다. 누가 원인 제공자일까? 아이러니하게도 갈등이 일어났을 때 상대방의 과실만 지적하는 사람이 오히려 원인 제공자일 가능성이 크다. 상대방을 품는 사람은 상대의 과실을 드러내지 않을뿐더러 실수도 덜하기 때문이다.

소통을 방해하는 자신의 성향을 인지하라

지나치게 목표 중심적인 사람들은 성과를 위해 속도를 내거나 자신이 일하는 방식을 일반화하며 타인을 그 틀에 맞추려 하는 경우가 있는데, 이때부터 소통은 어려워진다. 또는 실행부터 앞서는 사람들은 일을 먼저 진행해 놓고 관련된 사람들에게 뒤늦게 그 일에 대해 통보할 때가 있다. 따라서 일의 계획과 진행 방향은 초기 단계부터 팀원들 간에 충분히 공유되어야 하며, 이러한 회의에 불참하게 된다면 이후에라도 반드시 그 내용을 숙지해야 한다.

조화로운 소통을 방해하는 요인 중 하나는 개인적인 고집이다. 너무 똑똑하거나 역량이 뛰어난 경우에 우월감에 고집을 부릴 수 있다. 조직에서 힘을 가지려는 성향으로 고집을 부릴 수도 있다. 고집을 부리는 경우에는 동료들이 입을 다물 수 있다. 관계가 나빠지는 것보다는 낫기 때문이다. 더불어 근본적으로 소통에 약한 사람들도 있다.

고객의 언어로 소통하라

의사 전달은 소통이 아니다. 소통을 제대로 하려면 소통 대상이 누구인지, 어떤 상황과 배경지식을 가지고 메시지를 전달받고 있는지를 항상 고려해야 한다. 따라서 윗사람은 아랫사람의 눈높이에 맞추어 소통하여야 하고, 아랫사람은 윗사람에 효과적으로 전달될 방법을 고민하여야 한다. 수신자가 발신자의 의도를 잘못 해석하는 이유는, 관심 있는 영역이나 자신이 가진 제한된 정보 내에서만 선별해 들으려고 하기 때문이다.

사람의 마음은 '기대하지 않을 것을 지각하는데 저항'하고, '기대하는 것을 지각할 수 없는 것에 대해 저항'한다. 상대방이 기대하거나 요구하는 것이 무엇인지를 알지 못한다면 제대로 소통할 수 없다. 따라서 누군가와 효과적으로 소통하려는 사람은 소통 과정에서 전달하고자 하는 바를 명확히 해야 한다. 또한, 고객과의 소통 과정에서는 고객이 이해할 수 있는 살아 있는 언어로 정보를 제공해야 한다. 일전에 거래하고자 하는 회사를 만났다. 하지만 협상 과정에서 그들에게만 익숙한 전문 용어를 많이 써서, 전달하고자 하는 내용을 이해하기가 어려웠다. 이렇듯 고객의 눈높이에 맞추지 못한 일방적인 소통으로 거래가 원활히 성사될 수 있을까?

질문하면서 소통하라

최근 소통 과정에서 갈등을 최소화할 수 있는 간단한 방법을 찾았다. 바로 '질문을 던지며 소통하는 것'이다. 이는 내 관점이 아닌 고객의 관점을 앞서 고려하며 소통을 시작하는 것이므로 갈등의 여지를 미리 줄일 수 있다. 특히 전략, 사람, 일하는 방식, 투자와 관련된 사항은 최종 의사 결정을 하기 전 반드시 이와 관련된 이들에 먼저 충분히 질문해 보아야 한다. 중요한 문제의 의사 결정, 일을 실행하기 전 아래의 질문을 해보길 권한다.

■ **이 일이나 의사 결정을 하기 전에 거쳐야 할 절차가 있는가?**

■ **있다면 그것은 무엇이고 누구와 어떻게 소통하면 되는가?**

소통을 잘하려면 '소통의 주제와 소통을 통해서 얻고자 하는 목적'을 명확히 해야 한다. 그리고 고객의 눈높이로 소통하려는 습관을 지녀야 한다. 내가 소통이 어려운 상황이면 소통을 더욱 원활하게 하는 사람을 내세우거나, 말이 아닌 다른 소통 도구(손편지, 메일 등)를 활용하는 것도 좋은 방법이다.

POINT. 소통 대상이 완전히 인지하고 이해한 것이 소통이다.

작년에《경영을 씹어먹다》라는 책을 출판한 이후에 1년만에 두 번째 책을 내게 되었다. 이 책 제목은 공동체에서 함께 섬기는 청년들이 지어 주었다. 감사한 일이다.

시골집에 오래된 오디오가 있다. 당시에는 아주 비싸게 샀는데 애물단지가 되어 버렸다. LP판이나 CD가 있어야만 음악을 들을 수 있다. 그러다 보니 선호하는 음악을 듣는데 용도가 제한적이다. 그런데 최근에 해법을 찾았다. '블루투스 USB 오디오 동글'을 연결해 모바일로 모든 음악을 들을 수 있게 되었다. 완전 신분 상승이다. 만 원짜리 동글이 아날로그 오디오를 레벨-업 시켜 주었다. 아날로그는 디지털과 비교하면 진부하고 고리타분하고 뭔가 뒤처진 느낌이다. 그러나 뭔가를 만나면 본래의 위력은 물론 더 큰 것을 보여 준다.

시대가 지나면 쓸 수 없는 것이 태반이다. 지식도 마찬가지이다. 그러나 뭔가를 더하면 본래의 가치에 더해 폭발적인 위력을 발휘한다. 이전 지식, 이전 경험 그런 것들은 현재는 쓸 수 없을 것처럼 동굴에 있지만 '동글' 같은 것을 만나면 완전히 빛나는 모습으로 변체(變體)한다. 아날로그 없이 디지털은 홀로 존재할 수가 없다. 아날로그는 일신우일신(日新又日新)하고 혁신(革新)하는 것으로 연결하는 다리이다.

261

회사를 떠나 독립된 회사를 차리면서 나의 진짜 실력이 드러나는 시험대가 되었다. 내가 쌓은 경험과 지식이 현재의 환경에서 빛을 발하기에는 아직 동굴에 있다. 동굴에서 나오려면 상당한 준비가 필요하고, 그 준비의 시간을 이겨내야만 지금 영역에서 검증받을 수 있다. 그렇지만 학습하고 피드백하여 버그를 찾고, 교훈을 얻으면 고객에게 가치를 줄 수 있다. 그것이 '동글'이다.

좌절을 겪기 싫으면 일을 하지 않으면 된다. 나이가 많지만 아직은 도전을 피하고 싶지는 않다. 나이의 많고 적음의 문제가 아니다. 이것은 삶의 철학의 문제이다. 일상에서 성실함을 잃지 않는 것이 후배들에게 보여 주어야 할 최소의 모범이기 때문이다. 고객은 바뀌었고 무대도 바뀌었지만 그 고객을 만족시키는 사례가 나오면, 누군가에게 이야기해 줄 거리가 있게 된다. 그래서 지금도 '동글'을 찾는다.

책을 쓸 수 있는 내용이 있다는 것은 정말 감사한 일이다. 그리고 미약한 책을 읽어 주는 독자가 있어서 더욱 감사가 넘친다. 이 책에 많은 재미있는 사례와 매끄러운 문체가 추가되었다면, 메시지가 좀 더 효과적으로 전달되었을 것 같긴 하다. 거기까지 풀지 못한 건 아쉬움이 남는다.

하지만 독자들은 이 책을 읽으면서 어떤 주제에 대해서는 설루션을 찾을 수도 있을 것 같다. 때로는 간단한 개념을 얻는 것에 만족하여야 할 수도 있다. 여기서 더 나아가는 것은 독자의 몫도 있다. 지식은 항상 그렇다. 독자의 입에 가져다 떠줄 수 있는 것은 없다.

내일은 해가 뜬다. 일뿐만 아니라 관계에서 그리고 일상에서 실수한 것들을 만회할 수 있는 기회는 언제든지 열려 있다. 태도를 바르게 하고 간절함만 있으면 말이다. 포기하지 말고 참고 견디자. 힘듦은 일을 하는 과정뿐만 아니라 일 이외의 여러 상황에서 시련이 여러 모습으로 우리에게 언제든지 다가올 수 있다. 그것을 해결하여야 진정한 내가 된다. 해결의 결과물은 여러 형태로 보여질 것이다. 자신만의 그것을 찾으면 된다. 이것은 나이가 많은 나에게도 여전히 적용되는 말이다.

청년들이여!
힘을 내자. 청년들의 미래를 응원하고 축복하고 싶다.

아날로그 청년

1판 1쇄 인쇄   2023년   5월 25일
1판 1쇄 발행   2023년   5월 30일

지은이 | 장석면
펴낸이 | 박정태
편집이사 | 이명수   출판기획 | 정하경
편집부 | 김동서, 전상은, 김지희
마케팅 | 박명준   온라인마케팅 | 박용대
경영지원 | 최윤숙, 박두리

펴낸곳   BOOK★STAR
출판등록   2006. 9. 8. 제 313-2006-000198 호
주소   파주시 파주출판문화도시 광인사길 161 광문각 B/D 4F
전화   031)955-8787
팩스   031)955-3730
E-mail   kwangmk7@hanmail.net
홈페이지   www.kwangmoonkag.co.kr

ISBN   979-11-88768-67-7 03190
가격   18,000원